VULNERABILIDADE

René Dentz

VULNERABILIDADE

EDITORA
IDEIAS&
LETRAS

1ª impressão

Editora Ideias & Letras
Avenida São Gabriel, 495
Conjunto 42 - 4º andar
Jardim Paulista – São Paulo/SP
Cep: 01435-001
Televendas: 0800 777 6004
vendas@ideiaseletras.com.br
www.ideiaseletras.com.br

Dados Internacionais de Catalogação na Publicação (CIP) de acordo com o ISBD

D415v Dentz, René

Vulnerabilidade / René Dentz. - São Paulo : Ideias & Letras, 2022.
96 p. ; 13,3cm x 20,6cm. – (Filosofia e atualidades)

ISBN: 978-65-87295-34-3

1. Autoajuda. I. Título.

2022-367 CDD 158.1
CDU 159.947

Elaborado por Odilio Hilario Moreira Junior - CRB-8/9949

Índices para catálogo sistemático:
1. Autoajuda 158.1
2. Autoajuda 159.947

Sumário

Prefácio

Vulnerabilidades

Antes mesmo da pandemia de covid-19 o tema *vulnerabilidade* era tratado como marca fundante de nossa época. A pós-modernidade se instaurou como Era da não verdade absoluta, da polissemia, da cultura líquida, da emancipação dos fragmentos. Com isso, sonhávamos com a solidificação da democracia, uma época marcada pela fraternidade e pelos avanços, sobretudo, científicos e tecnológicos. No campo das crenças e saberes, fomos incitados por uma série de elementos importantes de sentido e de prazer, caminhos esses capazes de conter um pouco da nossa angústia, de modo que vulnerabilidade significava a tomada de consciência das nossas fragilidades e, ao mesmo tempo, das possibilidades que elas nos abrem. Mas tudo isso com narrativas ainda muito epistemológicas e esperançosas. Ou seja, pelo predomínio de uma consciência racional de que somos seres do desamparo e da finitude, mas que, de alguma forma, iríamos seguir nossa costumeira viagem.

No entanto, ao que nos parece, a pandemia acelerou um aspecto ainda mais dramático de nossa condição humana. Habitamos um corpo de morte, e não apenas no sentido de seu término natural. Vivemos em uma época cuja vulnerabilidade é provocada por um modo global de vida. O sistema capitalista neoliberal dominou o planeta e isso não significou um maior conforto para a espécie humana. Pelo contrário, impôs sobre uma grande maioria dos habitantes da terra uma aguda fragilidade corpórea. De que maneira? Acelerando as degradações ambientais a partir do extrativismo predatório; comercializando pesticidas em excesso para o agronegócio; contaminando o ar com altíssimas quantidades de gás carbônico; poluindo rios e mares com largas escalas de lixo etc.

Papa Francisco, em suas encíclicas, principalmente na *Laudato Si'* e na *Fratelli Tutti*, apresenta uma série de sonhos desfeitos em pedaços e a urgência de buscarmos uma cultura do bem viver nesse planeta como superação da trágica crise socioambiental. Para isso, o caminho é o do diálogo, da escuta e do compromisso com os que mais sofrem as mazelas de nosso tempo. Nesse sentido, René Dentz nos presenteia com uma série de reflexões sobre vulnerabilidades, cujo contexto é o que expusemos acima. O autor mostra-nos vários cenários nos quais encontramos esses corpos feridos. São dramas de corporeidades em busca de novas ressignificações, o que confirma nossa hipótese: a contemporaneidade como tempo da vulnerabilidade corpórea. Nas entrelinhas de cada crônica, colhemos algum corpo em busca de cura, de cuidado.

Como professor e psicanalista, Dentz partilha conosco temas que nascem de suas experiências. Portanto, trata-se de uma abordagem existencial de assuntos do nosso cotidiano, principalmente a partir de suas chagas que também são o lugar das reconstruções. O autor aborda desde questões dos indivíduos, passando pela educação até chegar às relações interpessoais. A ordem da leitura pode ser aleatória. E o leitor, certamente, tomará, por primeiro, aqueles títulos que mais chamarem a atenção. São fragmentos escritos que nos fazem pensar nessa dupla dinâmica de nossa corporeidade: pulsão de vida e pulsão de morte; apresentando um compromisso ético com a dignidade de cada pessoa humana, sobretudo diante dos desafios do indefinido da vida.

Por fim, são textos que nos chamam ao diálogo para que compreendamos que nossa carne, ferida naturalmente ou violada em seus direitos, encontre na palavra uma grande aliada de libertação.

Dom Vicente Ferreira, CSsR
Bispo Auxiliar da Arquidiocese de Belo Horizonte
Secretário da Comissão Episcopal Especial para a Ecologia Integral e Mineração da CNBB
Pós-doutor em Teologia pela FAJE-BH
Doutor em Ciências da Religião pela UFJF
Psicanalista, filósofo, teólogo e escritor

Introdução

Vulneráveis, demasiadamente vulneráreis

Não é fácil ouvir de outros que devemos ter força de vontade, ou que ela nos falta diante de um comportamento negativo repetido ou mesmo compulsivo. Por mais que sigamos orientações de amigos e colegas, as dicas ou fórmulas mágicas parecem não funcionar conosco. No fim, acabamos adicionando mais culpa ao nosso já difícil cenário particular. Será mesmo que conseguimos mudar comportamentos que consideramos ruins com força de vontade ou seguindo padrões de comportamentos prescritos? Definitivamente, não! Por isso mesmo, não precisamos ter culpa por não conseguir, pois não é esse o caminho.

Não podemos negar dois fatos acerca do ser humano: em primeiro lugar, agimos a partir de desejos que não são construídos no presente, pois os momentos presentes constantemente são tentativas de suprir vazios e lidar com desejos do passado. Em segundo lugar, esses desejos não são evidentes, não estão escritos em um diário; ao contrário, eles são de uma ordem mais complexa, a do não dito. Jacques-Alain Miller, importante psicanalista francês, nos mostra que o real não pode ser concebido apenas como "necessário", isto é, a partir da permanência das leis, na forma do superego ou do impossível. Claro, o real está relacionado não só com o impossível – no sentido do impossível de simbolizar –, mas também com a contingência. Se a experiência analítica dá acesso ao real, ela o faz por meio da contingência: contingência de transferência, contingência de manifestações sintomáticas e contingência de conhecimento. Em última instância, o processo de análise permite um maior fluir do inconsciente, retirando as fantasias infantis, por vezes permitidas por traumas passados.

A contingência do saber se manifesta no significante concebido como signo: signo de gozo, signo que, ao contrário do significante, não se emparelha com outro. É um conhecimento que não pode assegurar o sujeito, porque é um conhecimento sem sentido. Por isso, não conseguimos e nunca conseguiremos encontrar uma racionalidade que nos permita alcançar um autoconhecimento pleno. O signo não é o significante mestre a ser identificado no tratamento, o traço unário do trauma, delegado da verdade inconsciente, mas um simples efeito de gozo: o signo é suficiente e nada busca, e, sobretudo, não quer saber de nada!

A dimensão de vulnerabilidade é o horizonte humano em suas possíveis e sublimes singularidades... Existem várias camadas de aspectos vulneráveis ao humano, iniciando por aquelas que batem à porta, que são árduas e se apresentam como indissolúveis, passando por algumas que surgem e se intensificam nos nossos tempos, como as que são consequência de redes sociais e tecnologias, bem como aquelas vulnerabilidades advindas de um mundo mais plural e de seus desafios necessários de serem percorridos. Por fim, trataremos da dimensão de vulnerabilidade intimamente ligada à busca pelo bem comum, que apresenta lutas e superações fundamentais ao ser humano.

Vulnerabilidades que batem à porta da nossa existência

O medo da morte

A morte é o tema mais complexo que podemos (ou não) abordar. No fundo, não se trata de uma temática que podemos discorrer com propriedade. Tudo o que se falou e escreveu sobre esse tema não passa de especulação e imaginação. Não estou desconsiderando aqui as dimensões espirituais e os elementos da fé. No entanto, não há como pensarmos racionalmente nesse tema. O que faremos aqui são algumas reflexões para a vida.

A angústia maior referente à nossa finitude está justamente no fato de não podermos saber nada sobre o tema. Tudo o que falamos sobre a morte está no âmbito de uma não vida, ou seja, fora do tempo e do espaço. Ora, a vida e todas as suas possibilidades somente podem ser pensadas e imaginadas dentro de uma temporalidade e de uma espacialidade. Dessa maneira, o que abordamos acerca da morte é imaginação, criação a partir da vida. Não é a realidade, de fato. Com isso, não estou querendo dizer que não exista vida após a morte, apenas afirmo que não podemos conhecer essa realidade.

Esse talvez seja o maior paradoxo da existência humana: o fato de não sabermos o que acontece quando morremos gera uma tremenda angústia, mas, ao mesmo tempo, é apenas por isso que temos a possibilidade de sermos livres. Imagine, caro leitor, se soubéssemos com certeza o que acontece depois de morrermos. Haveria aqui nessa vida uma consequência imediata! O que aconteceria na vida pós-morte determinaria toda a vida no aqui e agora. Isso simplesmente impediria a nossa liberdade. Por mais que estejamos dentro de uma angústia existencial devido à nossa condição de finitude, somos livres, podemos escolher! Eis a beleza de nossa humanidade...

O medo da morte também se configura em outras duas direções. Primeiro, há o medo do nada. Mesmo que possamos imaginar em alguma dimensão de vida, talvez não sejamos mais nós mesmos dentro do nosso eu, nosso corpo, nossos sentimentos, sem a presença de nossos conhecidos próximos. Alguma dimensão irá mudar, pelo menos supostamente. Esse imaginar em encontro com o nada porta angústia. É uma dimensão parecida com a do vazio promovido por traumas do passado que implicam em melancolia.

Por outro lado, o que nos conforta um pouco é saber que as dimensões negativas da vida serão finalizadas. É muito comum escutarmos pessoas dizendo: “Ele não resistiu, mas foi um descanso do sofrimento”. Acreditamos que o fim da vida pode trazer o fim de angústias, sofrimentos, dores físicas e psíquicas. Isso nos conforta. No entanto, como não sabemos o que acontece, podemos também imaginar que alguma dimensão de sofrimento possa continuar. Nesse momento podemos temer o que virá. A crença e a imaginação acerca de punições em outra vida surgem desse sentimento. Muitas vezes essa crença é excessiva, violenta e gera muita culpa.

O fato é que nada sabemos. Dessa maneira, nos resta a esperança, mas uma esperança sem objeto, sem definições e fantasias. Uma esperança divinamente humana!

O fim da vida e a escuta de arrependimentos

O fim da vida é um desafio para todo ser humano. Em diferentes graus, há sempre o medo da incerteza, da solidão e da dependência. Em anos de atendimentos clínicos, percebo alguns elementos constantes em pessoas idosas, que tendem a olhar mais para a vida que passou e a se arrepender ou enfatizar frustrações em suas falas. Alguns conseguem enxergar fatores positivos da vida, mas frequentemente algumas lembranças traumáticas são trazidas à memória e alguns arrependimentos surgem. Nessa coluna, vou elencar alguns dos arrependimentos mais frequentes.

É muito comum que as pessoas idosas de hoje não tenham escolhido seu destino no passado. A maioria afirma que poderia ter trilhado outros caminhos se tivesse o poder de escolha. Depois de anos de existência impactados por decisões de outros (cônjuges, pais, etc.), olham para trás e imaginam como teria sido diferente se a eles fosse dada voz ativa ou mesmo se tivessem mais coragem para dizer não e mostrar seu real desejo. Muitas vezes o que está em jogo aqui é uma obediência cega e uma impossibilidade de transgressão devido à mentalidade do passado, muitas vezes opressora.

Um segundo fator muito comum de arrependimento é a pessoa não ter pensado em suas decisões passadas. Muitos afirmam ter escolhido por comodidade ou por não ter refletido de forma mais demorada e cuidadosa nas consequências de suas decisões. Aqui presenciamos o limite de épocas. Muitos, por exemplo, gostariam de ter estudado mais, mas o contexto social brasileiro há décadas não permitia esse caminho. Em termos inconscientes (porque ainda há muita culpa para se expressar isso), há também o arrependimento de ter tido muitos filhos, mas que não poderia ser de outra forma. Outros afirmam que deveriam ter refletido mais sobre a escolha do cônjuge (ou mesmo não lhes foi dado o poder de escolha).

Outra dimensão muito falada é aquela da impossibilidade de expressar sentimentos e abordar assuntos de caráter psíquico com os outros, começando por familiares. Hoje existe uma consciência maior sobre as demandas e os traumas da personalidade. No entanto, muitas gerações viveram para o trabalho, para a família e para finalidades objetivas da existência, não podendo se preocupar com dimensões relacionadas ao bem-estar, como a harmonia entre corpo e mente. A expressão de sentimentos era duramente reprimida pelos pais e não havia possibilidade de vivenciar essa característica humana com cônjuges e nem mesmo com amigos. Aliás, alguns enfatizam muito esse aspecto, pois queriam ter passado mais tempo com pessoas que lhes seriam agradáveis e que tivessem algum tipo de afinidade. A escolha de amigos era muito rara. Em geral, a amizade era vivida de uma forma mais superficial e circunstancial por serem vizinhos, por exemplo.

Por fim, percebo que todos esses arrependimentos são vividos de forma mais leve quando a pessoa consegue se perdoar. É importante que ela nunca se esqueça dos limites impostos pelas épocas e que nunca o ser humano é, de fato, totalmente livre para decidir. Existem "armadilhas" inconscientes que o capturam com frequência... Assim, uma vida apaziguada é aquela em que se pode olhar para seu passado, se consegue enxergar primeiro os fatos positivos e se alcança um estágio de compreensão de que os seres humanos são seres com horizontes de vulnerabilidades.

Sobre o luto e a boa disposição

A meditação sobre a morte acaba por resultar em uma hesitação entre dois polos. O primeiro caracteriza-se pela necessidade e pela dificuldade de fazer o luto de um querer-existir depois da morte. O segundo pela boa disposição juntamente com a graça esperada de existir vivente até a morte. A meditação sobre a morte pressupõe a necessidade e a dificuldade de "fazer o luto". Efetivamente, nota-se no ser humano uma oscilação interna a propósito da aceitação da morte. Esse *trabalho de luto* incide sobre a tarefa mínima da reflexão filosófica: a clarificação conceitual que, quando reflete sobre o estatuto dos mortos, assume um "valor terapêutico". O esforço filosófico dedica-se a "exorcizar" a interrogação sobre o que será dos mortos e sobre o seu investimento afetivo. Esse questionamento é então exercitado a propósito da antecipação interiorizada da morte em si mesma como "agonia antecipada".

Podemos estabelecer, primeiramente, uma distinção entre o "agonizante" e o "moribundo" para se livrar da antecipação interiorizada. É a partir do testemunho de Lucie Hacpille, médica de cuidados paliativos, que essa distinção se opera. De acordo com a médica, os doentes prestes a morrer não têm a percepção de si mesmos enquanto "moribundos", isto é, como quem vai morrer em pouco tempo, mas antes como "ainda vivos", ainda que não a mais do que alguns minutos do seu falecimento. Para o "agonizante", "ainda estar vivo" significa a emergência da mobilização dos recursos mais profundos da vida, que lhe permitem ainda se afirmar. Ela é, por assim dizer, o "essencial" na trama do tempo da agonia. Esse "essencial" que é, em certo sentido, o religioso, ou *o religioso em comum*, o qual transgride as limitações consubstanciais ao religioso confessional e confessado no limiar da morte. Por outras palavras, esse momento de mobilização é um momento de graça interior. Ele remete para a aparição da "coragem de estar vivo até a morte" quando a vida se escreve, face à morte, com um V maiúsculo. Contudo, pensar nesse momento e em sua força é também correr o risco de resvalar para a literatura sobre as experiências místicas: por isso mesmo, é preciso saber simultaneamente dar mostras de alguma desconfiança, enquanto se acolhe a graça interior de um determinado morrer.

O filósofo francês Paul Ricœur analisa o "olhar" da "compaixão" daqueles que lutam juntamente com o agonizante e os que o acompanham até a morte. Esse "olhar" diferencia-se daquele que vê o agonizante como um moribundo que em breve deixará de viver. Não é também o do espectador que já se adianta à morte: esse "olhar" também vê o agonizante como "ainda vivo". Também ele faz um apelo aos recursos mais profundos da vida, como se fosse levado pela emergência do "essencial" na sua vivência de ainda vivente. A "compaixão" não significa aqui somente o "sofrer com", mas também o "lutar com" e o "acompanhamento". Ela torna possível a partilha de um movimento de transcendência íntima.

Vivendo até a morte

Nossa sociedade, apesar de todos os desafios e caminhos que ainda tem para percorrer, avançou em qualidade e em expectativa de vida. Por isso, cada vez mais será necessário e uma questão ética e humanitária cuidar daqueles que possuem mais idade. O primeiro aspecto que precisamos mudar é a visão de que o idoso não serve mais para a lógica do mundo. É preciso escutar e entender, em sua fala, a construção de uma lógica de época, para compreender erros e acertos, assim como a necessidade de mudança. É importante entender os limites da época e a sua dificuldade em ver outros caminhos. Por outro lado, também é preciso compreender que há beleza nos anos, beleza que surge na vulnerabilidade. É uma característica paradoxal. Muitas pessoas idosas na clínica dizem: "mas não tem nada de 'melhor idade'". De fato, o corpo frágil, a saúde debilitada e as vulnerabilidades aparentes são aspectos que podem levar facilmente à depressão. Além disso, muitas vezes é o momento em que surgem arrependimentos, sentimento de frustração e quando as emoções se misturam, se mostrando confusas. Também é muito comum o sentimento de não pertencimento ao mundo em que os outros vivem. No entanto, uma sociedade que não valoriza a experiência, os traços dos anos, e não acolhe as vulnerabilidades humanas, é uma sociedade doentia.

Muitas vezes, o que aquela pessoa tem como expectativa é a escuta atenta do outro, algo que nosso meio tem perdido, pois queremos apenas falar e projetar nossas frustrações. Há algum tempo conversava com um amigo, professor de uma universidade portuguesa, e ele me dizia que a situação em Portugal e na Europa, de um modo geral, é tão triste que, se em mais países fosse permitida a eutanásia ou o suicídio assistido, é bem provável que um número alto de idosos iria pedir ao Estado para ajudar a finalizar sua própria vida. Em muitos países há uma expectativa de vida elevada, mas os idosos de hoje possuem poucos filhos, os quais, em sua maioria, cresceram em uma sociedade muito individualista, que não consegue atestar o outro.

Ora, esse cenário é trágico. O desenvolvimento social não pode esquecer ninguém! Parece que o ideal de fraternidade não andou junto ao de igualdade e liberdade.

Não é fácil sentir-se cada vez mais próximo à morte, notar o corpo frágil e atestar concretamente a finitude humana. Por isso, é muito necessário que esse seja um momento de acolhimento e que nos demos as mãos. Se estivermos mais próximos ao humano, poderemos verdadeiramente construir uma sociedade melhor. Aos jovens, seria muito bom escutar mais seus avós e entender outras gerações, seus limites, mas também suas virtudes, sobretudo sua disposição ao trabalho e a necessidade imposta de assumir responsabilidades muito cedo.

Outro aspecto importante é entender que, quando tentamos afastar neuroticamente as marcas dos anos e a morte, simplesmente nos privamos das belezas humanas. É cada vez mais comum ver pessoas que cuidam do corpo e negligenciam a mente. O corpo humano porta as marcas da narratividade, nossas histórias, pois nossos "eus" foram vividos nele, não estão na "nuvem". Esse corpo está ali, atualizando-se constantemente, vivendo até a morte. No olhar, no rosto de uma pessoa que viveu muitos anos, existe uma beleza que remete ao infinito, que busca o sagrado no mais profundo sentido humano.

Lutos brutais

Vivemos o momento de maior tragicidade da pandemia e o maior presenciado coletivamente nas últimas décadas. A cada vez que ligamos a TV ou vemos alguma rede social ficamos sabendo de mais uma pessoa vítima da covid-19. O luto tem sido constante e, em algum grau de empatia, não temos como evitá-lo. Temos uma sociedade enlutada, seja pelas perdas de entes queridos, seja pela depressão ou pelas dificuldades financeiras que muitos estão passando. O processo acaba sendo mais árduo agora por alguns motivos. Primeiro, a despedida dos entes queridos tem sido muito rápida, não sendo possível elaborar um luto inicial pelo rito de passagem. Velórios rápidos, velórios via Google Meet, velórios virtuais com perdas reais, corpos ausentes. Nesse contexto, a fase da negação tende a ser mais insistente do que nunca.

O luto, o vivenciar e o elaborar da perda já são, em si, tarefas extremamente difíceis para o ser humano. Não costumamos refletir sobre esses momentos áridos tanto quanto um deserto. Além disso, as mortes têm acontecido de forma inesperada, levando pessoas que estavam no auge da vida, em momentos de maturidade, interrompendo a existência de forma brutal, vivendo agonia, extrema fragilidade humana e social. Imagens de vulnerabilidade são de difícil elaboração. Há uma mistura de pena, desolação, ausência de entendimento...

Outro elemento que dificulta muito a elaboração das perdas nesse momento é justamente o isolamento. Um dos segredos do luto é buscar ressignificar a existência por meio de outros horizontes, outras conexões. Somos livres e somos seres de escolha. No entanto, em um momento em que estamos isolados, com poucas conexões sociais, tendemos a realizar um perigoso mergulho em nós mesmos, encontrando um caminho de perdas e sofrimento, sem horizonte visível. A depressão pode se tornar uma realidade.

O que permite ao humano sair do estado depressivo é justamente encontrar um caminho de reinvenção, de elaboração de traumas e de encontro com a liberdade. No caso da perda, também é preciso encontrar forças que reorganizam o existir. Não é tarefa fácil em momentos de dor por todo lado. A morte e a perda permitem gatilhos que devem ser entendidos, trazidos à consciência. Cada um tem o seu grau singular de afetação.

Como em um contexto pós-traumático de guerra, as feridas abertas pelas perdas são curadas de forma lenta. Precisamos nos preparar para um contexto pós-pandemia de elaboração de perdas. Não será fácil "voltar ao mundo" sem alguns, sem tantos. Será um outro mundo, pois o de antes da pandemia não mais existirá. Agora, mesmo quem já perdeu entes queridos, amigos e colegas está vivendo comumente um momento de incompreensão e de medo, pois viu de forma concreta os efeitos de um vírus devastador.

Será preciso que as escolas também tenham consciência dessa necessidade. Filhos enlutados, órfãos do ambiente escolar e de interação há mais de um ano, sem profundos estímulos à imaginação, precisam lidar com a perda. Muitos deles com a ausência até mais intensa nos últimos meses do pai ou da mãe que se foi.

Será preciso reunir os cacos e buscar nossa reinvenção. O único caminho possível é o da empatia, do olhar atento ao outro, da escuta. Devemos buscar fazer da humanidade um caminho da fênix, fabulosa ave mitológica, única de sua espécie, que, após viver trezentos anos, supostamente ardia em um braseiro para, em seguida, renascer das próprias cinzas. Devemos ser a fênix, em um voo conjunto.

A importância do silêncio em um mundo com excesso de ruídos

Vivemos em um mundo onde se reserva cada vez menos espaço ao silêncio. Pensamos, equivocadamente, que quanto mais falarmos e escutarmos, sendo afetados por elementos externos à nossa mente, mais facilmente iremos encontrar um bom caminho e paz. Ao contrário, o que mais estamos presenciando é o aumento de afetações e consequentes quadros depressivos em um mundo dos excessos: excesso de imagens, excesso de palavras.

O silêncio é importante e fundamental à nossa existência. No silêncio organizamos nossas ideias e surgem outras... Paradoxalmente, presenciamos hoje um fenômeno cada vez mais evidente: mais informação, menos conhecimento. O conhecer necessita de silêncio, reflexão e organização mental. É no silêncio e nos espaços vazios que a música é possível! É no vazio e no não dito que existimos no horizonte inconsciente.

A experiência espiritual dos místicos cristãos nos presenteia com riquíssimos ensinamentos que talvez possam nos ajudar muito hoje em dia. De um modo geral, para eles a fé exigia o total despojamento interior, a vivência do "nada", ou seja, o esvaziamento da vontade própria em direção ao conhecimento divino. São João da Cruz, místico carmelita espanhol, nos mostra essa dimensão existencial neste trecho de seu escrito *Monte de perfeição*:

> *Para vir a saborear TUDO* – não queiras ter gosto em NADA
> *Para vir a saber TUDO* – não queiras saber algo em NADA
> *Para vir a possuir TUDO* – não queiras possuir algo em NADA

Ilusoriamente, imaginamos encontrar plenitudes quando alcançamos perfeições, riquezas extremas e felicidade plena. A busca da felicidade, dessa forma, tem trazido depressão em seu sintoma. Há uma ilusão e um delírio ao tentar alcançar TUDO e o TODO. Não podemos nos fixar em ideais absolutos. No mundo atual, buscamos conceituar a felicidade a partir de elementos cotidianos, constantemente identificando-a com prazer e com elementos miméticos. Se não alcançamos esse nível, estamos em depressão. Por isso a sociedade atual está mais propícia à depressão.

São João da Cruz (1988, p. 37) expressou o mais alto grau que uma alma pode alcançar na busca pelo sentido da existência. O inefável, aquilo que ultrapassa a nossa realidade, transborda de modo apaixonado, ou, nas palavras do místico: "Em tal aspiração, cheia de bens e glória, e de delicado amor de Deus para a alma, não quisera eu falar, nem mesmo o desejo porque vejo claro que não tenho termos com que o saiba exprimir, e pareceria que os tenho se dissesse". O amor seria um outro nome para a identificação com Deus, em última instância, o esvaziamento de si mesmo em direção ao inefável, para além de nós mesmos. Um esforço de liberdade, por fim, capaz de engendrar um sentido novo para seu destino. Sobre o amor sempre resta algo a dizer, deixando uma vereda infinitamente aberta para a possibilidade do derradeiro encontro. Somente é possível vivenciar o amor a partir do vazio, de um insistente "vazio em plenitude". O silêncio pode ser a expressão da sabedoria, resultando em paz e em evolução humana.

Narcisismo, empatia e ambiguidades humanas

No início da pandemia falávamos em "novo normal", e hoje atestamos mudanças, adaptações que fomos levados a efetivar para a vida continuar o seu curso. No entanto, depois de mais de um ano da então "quarentena", os novos e os velhos normais se confundem. Mudamos em alguns aspectos, mas a humanidade continua apresentando suas contradições e suas ambiguidades, como, por exemplo, seu narcisismo e sua empatia. Estamos nos perguntando constantemente o porquê de parte da população não aceitar as evidências científicas e parecer não se preocupar em afetar (e infectar) o outro, podendo levá-lo à morte. Alguns parecem apenas se preocupar com a realidade própria que sua mente cria e não com realidades diversas que apontam em seus (despercebidos) horizontes.

Uma das explicações plausíveis está no que a psicanálise costuma chamar de personalidade "narcisista". Desde o advento da internet e, sobretudo, das redes sociais, muitos seguiram suas vidas como se todo o mundo existisse para aplaudi-los. Ora, precisamos entender que a realidade não existe para nos aplaudir, que ela nos escapa, e que, mesmo assim, precisamos reconhecê-la para manter a sanidade.

Quando tentamos limitar o real por medo de sua característica de imprevisibilidade, criamos realidades paralelas, imaginárias. Em algumas épocas, como na Idade Média, essas realidades eram reforçadas pelo "espírito da época", em grande medida. Hoje, elas são enfatizadas e criadas por "bolhas das redes", grupos que dialogam e criam sua própria realidade. Chegamos ao ponto em que negamos dados e identificamos uma pandemia gravíssima, trágica e que escancara o sofrimento em nossa porta como fraqueza, ou, ainda, relativizamos o problema dizendo que as pessoas morrem de outras causas também. Claro, mas a realidade nos mostra o caos proveniente de uma pandemia!

O comportamento narcisista é aquele que não consegue olhar para o lado. É como se esse indivíduo olhasse incessantemente para uma tela e nela o reconhecesse sempre. Por isso, precisa falar, expor ideias, confrontar. O silêncio e a reflexão não são tarefas realizáveis para ele.

Para alcançarmos estágios de empatia, precisamos dessas duas dimensões humanas. Diante do trágico e da banalidade do mal, o silêncio e a reflexão são possibilidades humanizantes. Procurar sentir, pelo menos minimamente, a dor do outro é um exercício fundamental ao humano. Viver fora dessa dimensão é negar a humanidade do ser humano, beirando a bestialidade e a monstruosidade.

A pensadora judia-alemã Hannah Arendt analisa a banalidade do mal no julgamento de Eichmann e nos ajuda a pensar o contexto de hoje:

> Clichês, frases feitas, adesão a códigos de expressão e conduta convencionais e padronizados têm função socialmente reconhecida de nos proteger da realidade, ou seja, da exigência do pensamento feita por todos os fatos e acontecimentos em virtude de sua mera existência (ARENDT, 1995, p. 6).

Narcisismo e perdão

Narcisismo é um termo que vem sendo muito utilizado no campo psíquico. Além de ser um conceito proveniente da psicanálise, é ressaltado pelo contexto atual de enorme exposição da autoimagem. Muitas vezes é confundido com "individualismo", mas apresenta características de personalidade para além de tendências egoístas.

O narcisista é aquele que vive em um mundo particular, mas atesta o outro. No entanto, esse outro deve sempre estar preso ao seu mundo. Ele não permite que nenhum desses outros escapem à sua realidade, às suas fantasias. Por isso mesmo, é comum presenciarmos nas relações abusivas o narcisismo: na relação entre pais e filhos, nos relacionamentos conjugais e mesmo nas relações entre amigos. Para que exista tal tipo de relação, é necessária a criação de dois personagens: o controlador e o controlado. O primeiro, normalmente, é um narcisista. O segundo pode apresentar algumas vulnerabilidades, vazios do passado, traumas ainda não nomeados ou mesmo ainda não elaborados. Assim, se torna presa fácil, e projeta, em muitos casos, o preenchimento do seu vazio no outro, fantasiando, e, distante do real, não consegue notar os mecanismos de dominação e, por vezes, de perversidade. Assim, reforça o psicanalista francês Jacques Lacan:

> É numa identificação com o outro que ele vive toda a gama das reações de imponência e ostentação, cuja ambivalência estrutural suas condutas revelam com evidência,

> escravo identificado com o déspota, ator com o espectador, seduzido com o sedutor (LACAN, 1998, p. 116).

É quase impossível romper o mundo próprio do narcisista. Por mais que uma filha demonstre sua rejeição, sua insatisfação com a mãe, esta apenas coloca aquela em seu esquema egoico. O mundo da mãe inclui a filha apenas por contingência, mas não por necessidade real. É uma dura constatação, mas necessária. Muitas vezes, as pessoas não entendem isso e insistem, fazem de tudo para obter o amor, o reconhecimento, e sofrem... Sofrem... É necessário ressignificar aquela relação, libertando-se, não esperando mais o amor, que não virá.

No caso de relacionamentos amorosos, o narcisismo está na origem dos relacionamentos abusivos. Felizmente, hoje muitas pessoas estão tendo acesso a esse tipo de conhecimento e se libertando. O relacionamento abusivo pode gerar muitas marcas, traumas e conflitos internos. Justamente por a pessoa que sofre estar vulnerável, projetando no outro sua sustentação, acaba necessitando daquele lugar. No entanto, ao contrário do que é "prometido", o que surge é rejeição e afetação. De fato, em muitos casos, a pessoa que sofreu com um relacionamento abusivo dessa maneira precisa se reinventar e recolher os seus cacos.

Ainda mais ilusório é acreditar no perdão nesses casos. Para que haja o perdão, é preciso vivenciar um encontro com o real, entendendo o que de fato foi afetado, elaborando profundamente o horizonte da dor do outro. Isso não é feito pelo narcisista. É até comum que ele se considere o afetado, mesmo tendo atingido o outro. Então, o narcisista não consegue entender e vivenciar a dimensão do perdão, a não ser que ele vá elaborar clinicamente sua condição, mas, a princípio, não vê necessidade, pois ele mesmo considera que pode controlar o mundo e a si mesmo.

Um mundo exausto

Há pouco mais de dois anos escutávamos as primeiras notícias sobre um novo vírus que estava sendo disseminado pelo mundo. Difícil imaginar que um pequeno ser iria se disseminar e multiplicar tanto e impactaria profunda e duradouramente o mundo. Em março de 2020 ainda tínhamos a esperança de "achatar a curva".

Durante vários meses analisamos as mudanças e os processos de transformação social da pandemia, falávamos no início de um "novo normal". Sem dúvida alguma os impactos foram enormes, o mundo teve que se adaptar rapidamente a novas tecnologias, a educação ganhou um espaço real-virtual e as interações se transformaram profundamente. Muitos pais começaram a entender a educação dos filhos, assim como casais também se entenderam melhor (ou não).

A sensação de muitos é que o trabalho agora não tem mais limite, as resoluções de problemas são entendidas a partir de uma flexibilidade máxima de horário. Antes da pandemia, já vivíamos em uma sociedade do cansaço, como dizia o filósofo sul-coreano Byung-Chul Han. Para ele, vivemos hoje em uma sociedade que nos leva à exaustão, cobramos a nós mesmos excessivamente a ponto de termos a sensação de inutilidade quando não estamos produzindo.

> Hoje a pessoa explora a si mesma achando que está se realizando; é a lógica traiçoeira do neoliberalismo. E a consequência: Não há mais contra quem direcionar a revolução, a repressão não vem mais dos outros. É 'a alienação de si mesmo', que no físico se traduz em anorexias ou em compulsão alimentar ou no consumo exagerado de produtos ou entretenimento (HAN, 2015, p. 48).

É exatamente o que vivenciamos na pandemia...

O indivíduo busca a realização a partir de máxima produtividade, se alienando, nunca tendo a possibilidade de refletir sobre seu próprio desejo. Aliás, algumas vezes ele procura um autoconhecimento para isso, mas já inserido em uma visão viciada de conceitos prontos da gestão (como inovação, proatividade, liderança, inteligência emocional, etc.). É uma busca em círculos, sem liberdade.

Dessa forma, o mundo caminha para uma padronização ainda mais profunda, uma vez que a eliminação das diferenças e do outro interessa ao mercado. Por mais que tenhamos sociedades plurais, os modos de vida e de pensamento, e até mesmo os sentimentos e as patologias parecem se uniformizar. "Quanto mais iguais são as pessoas, mais aumenta a produção; essa é a lógica atual; o capital precisa que todos sejamos iguais, até mesmo os turistas; o neoliberalismo não funcionaria se as pessoas fossem diferentes" (HAN, 2015, p. 54). O que temos hoje é um pluralismo permitido a alguns grupos, vivendo em seu padrão de consumo, em sua identidade e em suas respectivas bolhas.

E aqui falamos de diversos sistemas produtivos, como o capitalismo liberal norte-americano e o capitalismo de Estado chinês. Há um caminho cada vez mais claro de padronização de pensamentos e de sentimentos, comandado, no primeiro caso, pelas redes sociais, e, no segundo, por uma ainda maior colaboração do Estado. Não é por acaso que vivemos em uma sociedade do cansaço e a cobrança pessoal é cada vez maior. De igual modo, temos uma sociedade cada vez mais ansiosa e, consequentemente, depressiva. E esse cenário era tão concreto antes da pandemia que estar em casa apenas intensificou uma tendência que já existia. De agora em diante, o tempo será cada vez mais relativizado e a produtividade intensificada, o que fará com que cobremos mais de nós mesmos e acabemos adoecendo. Fica a reflexão para a mudança!

A importância da escuta

No mundo acelerado e com cobranças infinitas em que vivemos, as atividades mais simples se tornam raras ou realizadas de uma forma precária. Em nosso tempo, há um excesso de estímulos visuais e de palavras. Lemos e vemos muitas coisas com diversos significados ao longo dos dias. Nosso inconsciente é acessado por meio das palavras e de seus significantes, que representam a característica inconsciente dos conceitos. Com um aumento significativo ao longo dos últimos anos, a ansiedade, por exemplo, faz com que as pessoas queiram mais e mais falar, mas pouco ouvir. Presenciamos cada vez mais monólogos nos relacionamentos, nas famílias, nas escolas... Pouco se ouve o outro. Pouco se sabe, dessa maneira, do seu desejo e de sua singularidade.

O que é escutar o outro? Parece ser uma atividade muito simples, que beira a inércia. Ao contrário, no cenário acima descrito, é uma atividade cada vez menos presenciada e que se coloca como urgente. Escutar o outro é, acima de tudo, não tentar enquadrar o seu sofrimento em conceitos próprios, preestabelecidos, na boa intenção de ajudar e confortar. O efeito, geralmente, é o contrário. Escutar o outro efetivamente significa despir-se de preconceitos (incluindo aqueles sobre o nosso interlocutor, formados a partir de afirmações que outros dele fizeram ou de imagens que formamos em outros tempos), de pensamentos absolutos, morais, religiosos, etc. Trata-se de um exercício de sair do lugar comum, da nossa zona de conforto. O outro que se coloca diante de nós, solicitando a nossa escuta, o nosso tempo, o nosso espaço, representa um novo fenômeno em nossa existência, uma nova experiência, um novo horizonte. Eis a beleza do ato de escutar o outro! Não é fácil, de fato, pois diante de uma situação complexa, aparentemente sem solução, nos sentimos inseguros e queremos logo propor saídas ao sofrimento. Esquecemos que a saída principal está justamente na escuta.

A escuta psicanalítica propõe um elemento de desconstrução de pensamentos universais e absolutos, nos quais o indivíduo tenta se situar (ilusoriamente). Quando esse processo caminha, alcançamos aquilo que chamamos de "dissolução dos sintomas". Diferente da escuta religiosa ou confessional, a escuta psicanalítica não busca enquadrar o sofrer em um destino, nem mesmo como resultado causal de equívocos do passado. Portanto, não passa pelo processo de encontrar uma culpa ou um culpado.

Um momento fundamental de todo tratamento pela psicanálise é o dia em que o analisando descobre que não dá mais para se queixar. Não que as dificuldades tenham desaparecido por encanto, mas o "tirem isso de mim", base de toda queixa, perde seu vigor e revela-se para a pessoa em todo o seu aspecto fantasioso. É duro não ter a quem se queixar, não ter um bispo, um departamento de defesa dos vivos, como há o dos consumidores. A pessoa pode perder o rumo, não saber o que vai fazer, nem mesmo saber quem é (FORBES, 2003, p. 11).

Enfim, se quisermos conhecer verdadeiramente alguém, precisamos exercitar a nossa capacidade de escutá-lo(a) e, assim, compreender suas demandas e sua singularidade. Diante de um mundo complexo, as soluções podem estar situadas em dinâmicas simples, mas comumente ausentes.

O desafio de existir

Existir não é fácil. Entrar na vida adulta significa entender as dificuldades e complexidades da vida. Encarar a existência dentro de um grau razoável de realismo é compreender que existem desafios, é sentir as dores, assim como vivenciar os bons momentos. O humano experimenta constantemente a sensação de "apesar de, existe sentido". "Apesar da dor, existe a satisfação", "apesar do sofrimento, existe a alegria", "apesar da morte, existe a vida".

Em tempos de pandemia e de luto constante, existir com restrições e adaptações se coloca como um fator desafiador a todos, em maior ou menor grau. Ainda assim, devemos buscar um sentido à nossa existência. Mesmo sabendo que ela é finita, podemos determinar bem o nosso tempo, as nossas relações. Justamente pela nossa finitude e incompletude, existir tem o dever de alcançar sua plenitude! Vidas que importam, vidas significativas... Assim deve seguir a humanidade: em sua diversidade e singularidade.

Encontramos diversas pedras no caminho. Algumas delas tiram nossa liberdade, tentam nos determinar. Não escolhemos, por exemplo, vivenciar relações na infância e suas consequentes marcas traumáticas. No momento mais derradeiro da formação da nossa personalidade, de poucos elementos lembramos. Apesar disso, temos potencialidade de ressignificação da nossa existência. A liberdade é um caminho que pode ser conquistado, ampliado e assumido.

Há desafio no existir, mas o mais belo dos desafios se encontra no próprio horizonte da vida.

Na teologia cristã existe a ideia de que o existir é um dom da ordem da gratuidade. Por isso, existir é melhor do que não existir, e o seu simples fato deve ser celebrado e sempre lembrado. Estamos no mundo, vamos então viver nossa melhor versão e nossos melhores momentos, apesar de tudo.

Convive no homem a afirmação originária do existir com a negação existencial marcada pela consciência da contingência e dos limites que nos são inerentes. O humano é afirmação e negação ao mesmo tempo, e esse sentimento de bifurcação introduz um dos conceitos mais caros ao pensamento filosófico: o do conflito. O conflito revela o homem como conflito originário. Dessa forma, abre-se espaço para a atuação da culpabilidade.

Dessas muitas negações surge a evidência de que a liberdade é também pura negação, uma "recusa" da necessidade e da situação desse si-mesmo encarnado: a própria "consciência é recusa" e "a liberdade é a possibilidade de não me aceitar". Sendo assim, podemos buscar ultrapassar essa concepção para pensar outra, em que a liberdade seja entendida como realização mesma da natureza, pensando assim restaurar uma unidade do ser destruída pelo entendimento da liberdade como recusa ou pura negação.

O apego ao sofrimento

É muito comum encontrarmos pessoas que vivem em estado de ressentimento, reafirmando constantemente sua condição de sofrimento.

A nossa condição inconsciente está muito relacionada à repetição, nutrida pela pulsão de morte. Frequentemente vivemos em uma dimensão de boicote a nós mesmos. A morte gera um fetiche, uma atração. Existe na condição humana uma paixão pelo negativo.

Nosso gozo primário é sempre masoquista, pois nascemos em um estado simbiótico. O bebê e a mãe possuem o mesmo horizonte de desejo. A lógica de cuidado infantil é reproduzida muitas vezes na vida adulta. A posição masoquista é realizada quando o outro nos trata como objeto e não como sujeito. Este se encontra no lugar de objeto nas mãos do outro, vivendo uma negação de si mesmo, uma pulsão de morte. Diluir-se no outro é se livrar do próprio eu. O indivíduo, então, reclama sem parar.

A posição de passividade é aquela de idealização, gerando constantes reclamações. O gozo inconsciente tende a reproduzir o narcisismo primário, reproduzindo a cena inicial. Por isso, muitas vezes, pessoas se relacionam com o outro em um lugar de passividade. O sujeito repete que falta algo, mas, ao invés de deixar esse espaço aberto, há um direcionamento ao outro, colocando-o sempre em uma condição de superioridade que lhe salvaria de uma posição inferior.

O que necessita ser desconstruído é esse esquema inconsciente que insiste na cena infantil. Muitas crenças infantis surgem nesse momento. "Deus quis assim", "é a minha condição", "a culpa é do outro".

O processo de análise busca a desconstrução e não a esperança de que o outro mude. O outro tem sua dinâmica própria. A tendência neurótica de que viveremos um nirvana deve ser alterada. O processo psicanalítico propõe um encontro com o próprio sujeito. Podemos desatar os nós dos nossos traumas e encontrar nossas outras versões, nas quais eu me fecho nos traumas, na minha história. É preciso um esforço, novas descobertas. Trata-se de uma versão mais interessante de nós mesmos, com mais desejo, e leva tempo, gera sofrimento, mas a partir daí podemos lidar de uma forma melhor com o próprio sofrimento.

A condição de sofrimento é humana, gera conflito, coloca nosso eu contra nós mesmos. Também gera atratividade, que se coloca como uma armadilha vivida na repetição. Como dizia Freud, o "eu" não é senhor em sua morada. Eis um aspecto interessante do ser humano! No entanto, nos alienamos com frequência, colocamos a culpa no outro, em estruturas fantasiosas ou no outro da fantasia. A estrutura subjetiva humana é mais rica e complexa do que seguir uma estrutura infantil de bem e mal. Em última instância, o processo de análise considera sim os elementos de "culpa" dos outros, mas propõe uma pergunta fundamental, que passa pelo que fazemos com esses outros. A pulsão de morte entra em cena: o sofrimento gera um gozo. A análise propõe um deslocamento desse lugar. O que realmente desejamos e o que podemos abrir mão. Não é preciso se deixar destruir, nem destruir o outro. Cada um de nós pode elaborar mais seus traumas e não os projetar nos outros.

Depressão: um tema urgente

Os temas psicológicos são, de uma maneira geral, mal abordados pela sociedade. Muitos ainda acham que as doenças estariam associadas apenas a aspectos físicos. No entanto, a saúde mental é uma dimensão importantíssima do ser humano, podendo mesmo afetar dimensões corporais.

Ao mesmo tempo, aspectos depressivos não são superados apenas com força de vontade. Não adianta dizer àquele que vive uma depressão para que "fique bem", "esqueça os problemas" ou "pense positivo". Essas afirmações costumam, na verdade, piorar o quadro, pois colocam uma culpa no sujeito, que não consegue sair daquela situação sem ajuda. Isso acontece porque as raízes dos quadros depressivos estão em traumas e elementos inconscientes localizados na infância. Vivências do presente podem servir de gatilhos, desencadeando processos depressivos. Muitas vezes, diria mesmo na maioria, o sujeito depressivo não sabe com clareza qual é a origem do seu quadro. O que ele sabe com certeza são seus sintomas, pois os vivencia com dor e sofrimento.

A nossa mente não vive apenas um conjunto de lembranças e memórias conscientes, elementos que conseguimos recordar com certa facilidade. A maior parte da nossa personalidade está situada em elementos inconscientes, não ditos e não controlados. Somos, em última instância, uma cadeia de significantes, ou seja, estruturas portadoras de sentido individual. Por isso mesmo, quando lemos ou escutamos uma palavra, aquela ideia a ela associada pode levar longe, pode significar elementos profundos na nossa personalidade.

No Brasil, antes da pandemia, tínhamos uma taxa de 5,8% de pessoas diagnosticadas com depressão. Esses números fazem de nós o país com a maior taxa de prevalência de depressão da América Latina e o segundo das Américas, só perdendo para os Estados Unidos (5,9%) (ORGANIZAÇÃO PAN-AMERICANA DA SAÚDE, 2022). No contexto da pandemia, a expectativa é que esse número chegue próximo a 10%. É algo assustador e sério. Muitas pessoas que conseguiam canalizar seu trauma para elementos externos, vivenciais e cotidianos se sentiram vivendo o vazio na quarentena e seu consequente isolamento. Além disso, esse período propiciou também uma maior conexão de pensamentos e afetos por causa da utilização excessiva das redes sociais. Nunca as pessoas se compararam tanto umas com as outras. O desejo nunca esteve tão incerto, falseado e fluido. Trata-se de um fenômeno que poderíamos chamar de mal-estar contemporâneo.

A depressão pode, também, se configurar de uma maneira neurótica quando é esgotado o processo de fixação do desejo em um objeto ou processo. O desgaste alcança níveis extremos de cansaço, despertando o quadro depressivo. Esse tipo de configuração ganha espaço no mundo atual.

É muito importante que a depressão seja levada a sério! É preciso entender que ela não pode ser superada por meros conselhos e pela amizade. É necessário, na maioria dos casos, ajuda profissional psíquica. Assim, é possível resgatar aquele sujeito em sua subjetividade integral.

Repetição e reinvenção

É comum vivermos uma neurose de perfeição, como se em algum momento fôssemos alcançar uma espécie de nirvana ou paz plena. Os ocidentais chamariam isso de perfeição.

Paradoxalmente, nossa liberdade está justamente no ato de lidar com o caos e não com a perfeição. Somos e sempre seremos uma espécie com o pé na lama, bem distante das perfeições. Assim, nossa "vantagem" evolutiva está justamente em lidar com o imprevisível, com o caótico e com aquilo que está por vir. São essas dimensões que nos alimentam e permitem a vivência de nossa potência de vida. A reinvenção é, dessa maneira, uma estratégia humana fantástica, singular. No entanto, somos seres de reinvenção e de repetição.

Como dizia Freud, nossa mente é pulsão de vida, *eros*, criação, mas, ao mesmo tempo, pulsão de morte, *thanatos*, repetição, destruição. Eis o jogo da vida! Podemos ousar, alcançar o novo e buscar desejos novos, mas que se repetem. Estamos falando aqui do sintoma, do gozo, da angústia diante do caos. Estamos vivendo um momento inédito, mas queremos buscar padrões, um novo normal. A previsibilidade é algo que organiza a mente humana, mas pode ser também algo paranoico. A repetição é uma característica humana. Por isso, são frequentes as repetições de nossos pais, mesmo dos seus erros e traumas. Ao mesmo tempo, podemos também viver o novo, uma reinvenção.

Podemos experimentar essa dialética de reinvenção e repetição. E isso só é possível com o luto, deixando para trás sintomas, desapegando-se de *habitus*, da pulsão repetitiva. O caminho é o luto. Não há possibilidade de criar o novo sem deixar algo para trás. Não é possível criar o novo sem deixar para trás o ideal de eu: de felicidade, de homem, de mulher, de profissional, de mãe, de pai, etc. Vivemos em um mundo que determina como devemos ser. Essa dimensão deve passar pelo luto.

Assim, podemos criar novos desejos, lidar com o caos e, consequentemente, podemos viver uma reinvenção. Existem figuras arquetípicas que determinam lugares para a nossa vivência, para nossas emoções, etc. Ideias superegoicas permitem apenas a repetição. Esse processo de luto porta dor e melancolia para criar o novo. Somente aqui está a liberdade.

Sair de lugares imaginados, de fetiche, para cair em lugares inesperados é algo complicado. No entanto, é apenas dessa maneira que vamos nos encontrar com nosso próprio desejo. Podemos assim encontrar justamente nossa *anima*, nossa força vital. Esse processo é profundamente humano, mas pouco vivenciado. O caminho mais comum é a repetição e a desumanização do desejo.

Angústia

O fato de a angústia ter uma importância já é uma afirmação apaziguadora. Por isso, não é bom seguir a estratégia da nossa cultura de tentar de forma frenética impedi-la, pois trata-se de uma realidade da dimensão humana.

A nossa defesa primária é matar a nossa própria subjetividade, por isso a tentativa de buscar caminhos alternativos, preencher os vazios de significação. Há uma tentativa de se livrar daquilo que é mais constitutivo do humano.

A angústia é o ponto de insuportabilidade do próprio desejo, o medo de desaparecimento, um esvaziamento do sujeito, um encontro com o vazio que pode gerar um não reconhecimento de si mesmo. A angústia porta, nesse caminho, uma possibilidade do novo. Sem dúvida é um caminho árduo, por isso, nesse encontro com o nada, o sujeito se apega a anestesias. Aceitar a falta de sentido é difícil, sendo comum a busca por meios neuróticos externos.

Nos meses em que vivenciamos o isolamento que ainda persiste, assim como as mudanças bruscamente impostas pela pandemia, a angústia se tornou ainda mais presente. Por isso mesmo, o momento é muito propício à reflexão. Essa tarefa pode ser bem realizada tanto ao elaborarmos nossos desejos quanto também nesses momentos em que nos deparamos com reflexões humanas, por vezes mesmo universais. O mundo precisou buscar alguns caminhos de ressignificação. Diante dos limites, das ausências, do deparar-se de forma mais real e visível com a possibilidade da morte e não termos mais facilmente nossas fugas da mesma maneira de outrora, nos angustiamos. Talvez seja mesmo uma boa oportunidade para a reflexão, momento oportuno para deixar as muletas e caminhar ao encontro da nossa própria subjetividade. Nos momentos mais densos de angústia, quando nos deparamos com a desconstrução do sentido e beiramos o vazio, podemos reconstruir sentidos mais potentes, potencialmente vitais.

A filosofia, em sua fundamental tarefa de reflexão acerca da natureza humana, buscou por vezes pensar a angústia e seus impactos e importância para o ser humano. Nesse ponto, se destaca o filósofo contemporâneo Jean-Paul Sartre, que afirma, em seu romance *A náusea*:

> Gostaria tanto de me abandonar, me esquecer, dormir. Mas não posso, eu sufoco: a existência me penetra de todos os lados, pelos olhos, pelo nariz, pela boca... E de repente, num instante, o véu se rasga, eu compreendi, eu vi. Não posso dizer que me sinta aliviado ou contente; ao contrário, isso me esmaga. Mas minha finalidade foi atingida: eu sei o que queria saber; tudo o que me aconteceu depois do mês de janeiro, eu compreendi.A náusea não me abandonou e não creio que me abandone tão cedo; mas já não sofro, não é mais uma doença ou uma febre passageira, eu sou a náusea (SARTRE, 1958, p. 159).

Tecnologia e novos (ou velhos) comportamentos

Educação: novos e velhos desafios

A educação sempre é um tema desafiador e gera muitas reflexões. No mundo pré-pandemia, já verificamos e apontamos, em muitas ocasiões, problemas em diversos caminhos tomados por instituições e pessoas. Em linhas gerais, podemos dizer que havia pouco fundamento em projetos pedagógicos, muito clichê e práticas automáticas e reproduzidas sem muita reflexão prévia. Métodos demais, burocracias exageradas e muito engessamento e reprodução automática.

Com isso, caíamos com frequência em uma insuficiente resposta para o importante questionamento do porquê da existência de um modelo educacional, curricular e estruturalmente definido. As respostas, geralmente, não eram tão claras e, consequentemente, muito menos os métodos e a almejada eficiência. Ao contrário, a evasão era crescente em diversos contextos e o aprendizado pouco efetivo.

Veio a pandemia e as escolas tiveram que "aprender enquanto o trem andava". Muitos processos de "tentativa e erro" foram aplicados. Até que, como em outros aspectos da vida no período pandêmico, a educação foi se adaptando. Sem dúvida, os processos de implementação e efetivação tecnológica foram inseridos na relação ensino-aprendizagem. Acredito que avançamos cerca de cinco anos em desenvolvimento de tecnologia educacional efetivamente aplicada (mesmo que ainda sejam presenciados muitos problemas).

No entanto, diversos processos estagnaram. Um deles é o de avaliação. Ao invés de aproveitar o momento para inserir uma pedagogia de projetos mais em consonância com a realidade e ao mesmo tempo trabalhar incessantemente situações-problemas, as escolas (em sua maioria) preferiram a aplicação de avaliações tradicionais (em que ninguém pesquisa as respostas no Google... E não encontra quase todas elas!). A função da avaliação é verificar como foi todo o processo de aprendizagem e deve estar em sintonia com a proposta pedagógica aplicada em um determinado período. Aqui reside um problema: as escolas não estão conseguindo avaliar efetivamente (e sinceramente) como os alunos estão aprendendo (se estão!). Como vários processos educacionais no Brasil são tradicionalmente impensados e atropelados, algumas escolas já estão afirmando: "Vamos recuperar o tempo perdido quando voltarmos ao presencial". Espero que não seja assim, pois isso somente tornaria os alunos mais neuróticos e ansiosos.

O retorno às aulas presenciais deve se dar de uma forma cuidadosa. Alunos, professores e funcionários estão ávidos pelo contato e pela interação, sem dúvida! Será preciso elaborar as emoções e se preparar para o retorno. Os elementos humanos e existenciais serão urgentes! Espero que as escolas saibam unir o que ficou de aprendizado da pandemia e do consequente sistema remoto (a aplicação de tecnologias, por exemplo) e os elementos humanos. É preciso entender de uma vez por todas o que pensa e quem é o aluno do século XXI, estimulando-o, propiciando o desejo de aprender. Daqui para frente, cada vez mais teremos que ser criativos e inovar, pensar fora da caixa, entender quais são as nossas vulnerabilidades e as nossas singularidades, tendo, assim, clareza no que mais podemos contribuir e fazer a diferença. A relação entre o tecnológico e o humano nunca mais será a mesma. Paradoxalmente, vivemos e viveremos mais em um mundo onde o tecnológico estará presente em quase todos os âmbitos da vida, mas no qual o humano pedirá, urgentemente, passagem.

Infância, tecnologia e afetos

A infância tem passado por diversas novas configurações no mundo contemporâneo. Tratar da infância talvez seja um dos temas mais importantes para a humanidade, pois é nesse momento da vida que a personalidade é formada, bem como são delimitados os sofrimentos, os desejos e as perspectivas vitais. Por isso, é urgente cuidar bem e refletir sobre as mudanças dessa faixa etária.

Um primeiro aspecto que gostaria de ressaltar é o fato de, em nosso mundo acelerado, cada vez menos as pessoas demonstrarem paciência com o brincar. O tempo do brincar é mais fundamental do que muitas atividades que algumas crianças têm feito. Os momentos lúdicos desafiam, trazem o novo, acionam boas emoções (e mesmo frustrações necessárias!). O jogo necessita ter um ganhador e um perdedor, bem como interações com outros (de forma real).

O excesso de estímulo e contato com eletrônicos na infância pode estar levando a algumas consequências graves: depressão e ansiedade entre crianças. O outro do virtual pode ser o vazio. Isso é grave, pois é necessário o contato com o mundo, o outro real, o diferente!

Estamos vivendo cada vez mais em uma sociedade sem autonomia, e as crianças refletem essa característica. Os pais estão buscando respostas para tudo, entrando em um esquema paranoico de busca por perfeição e, se não a alcançam, procuram nomenclaturas, características de patologias no Google. O que não aceitam é dizer que o filho não possui nada ou que não sabem o que o filho tem. É necessário ao ser humano um espaço de descoberta, investigação e não saber. Só assim conseguimos alcançar o respeito ao outro, à sua subjetividade e singularidade.

O comportamento humano se constitui pelos afetos, pelas conexões com os outros. Por isso, é preciso tomar cuidado com o tempo. Uma das características de nossa época é o fato de suprimir o tempo de lazer e do trabalho, do público e do privado. É comum presenciarmos pais que mudam emoções quando estão brincando ou vendo um filme com os filhos e, de repente, vem alguma coisa negativa em rede social e simplesmente mudam a qualidade do momento de relação com os filhos. As crianças precisam de constância, por isso o tempo conectado e acelerado pode ser violento à formação da personalidade. Não podemos estar de corpo presente, mas abertos às conexões. A consequência desse processo é a tentativa de justificar para as crianças que o mundo do trabalho chama ou mesmo que alguns assuntos urgentes precisam ser tratados. As palavras ressoam e não possuem apenas significados, mas, sobretudo, significantes (ou seja, acessam conteúdos inconscientes que podem ficar para a vida toda). Quando falamos que precisamos fazer algo urgente com constância, o significante pode ser: "mas sempre tem alguma coisa mais importante a ser feita do que estar comigo".

O real pede e sempre pedirá passagem, não podendo ser substituído pelo virtual. As relações humanas efetivas e afetivas são necessárias. Por isso, cenas como uma mãe amamentando o filho e o acalmando com a tela do celular não podem ser frequentes...

Jovens, individualismo e sociedade

Em contato com novas gerações, seja como professor universitário, seja como psicanalista, venho aqui dividir algumas impressões.

A modernidade é projeto, de Estado, de sociedade e de humano. Nessa perspectiva, podemos construir um mundo a partir de um novo. Seria possível construir um mundo tomando como ponto de partida novas determinações.

O jovem de hoje vive um paradoxo. Ele deve ser proativo, fazer várias coisas e realizar várias tarefas. Ao mesmo tempo, dele é exigido uma tranquilidade e falta de tomada de posição, beirando a alienação. Diante desse cenário, ele busca um caminho, até certo ponto, inusitado: não se comprometer e recuar. No mundo todo há pesquisas que mostram que a juventude se interessa cada vez menos por assuntos políticos, apesar da existência de grupos de resistência. Trata-se de um "desafetar-se", passando pela ideia de que o mundo não o atinge. Não sentir afeto é uma defesa contra a intensidade de afeto do mundo. Eles estariam justamente vivendo o luto de um inalcançável. Já que as exigências são tão elevadas, é melhor nem tentar de forma enlouquecedora. As expectativas são grandes, e, no imaginário do outro, estão maiores do que nunca. Em um primeiro momento, ela é interessante, mas quando se torna um discurso constante, gera o contrário: o sujeito fica depressivo. Estar na era do imperativo do sucesso, da felicidade, é uma lógica contrária a essa tendência. O sujeito se encontra longe desses ideais, pois, afinal, não são reais.

Aqui estamos falando da ordem de uma existência de uma subjetividade individual. O que se coloca e afirma constantemente hoje é: você é um sujeito que pode! O indivíduo é visto como uma empresa. No entanto, ao mesmo tempo, estamos em uma sociedade mais fluida, que está ancorada em poucos elos coletivos. O mercado de trabalho, por exemplo, mostra que as empresas gestam ambientes com cada vez menos confiança e com maior rivalidade. Afinal, o sucesso de um seria o fracasso de outro. Se somos todos iguais, precisamos buscar nosso lugar ao sol. Ora, se estamos na lógica do individualismo, vamos buscando o próprio prazer e esquecendo os fundamentos de alteridade.

As primeiras formas de agrupamento humano eram mais coletivistas. A relação do humano com outro humano mostra essa tendência. A própria família mostra isso, até chegarmos à ideia de família nuclear. Hoje estamos em um processo de radicalização dessa tendência. Estamos na era do *single*, na qual cada um é único nas suas próprias relações. Nos últimos anos, a oferta de produtos customizados aumentou muito. Na pandemia, essa tendência não se apagou ou diminuiu, pois o virtual a preencheu. É, inclusive, interessante verificarmos a maior exposição de cenas e imagens mais banais no período da quarentena. O singular tem que ser imposto a todos. Estar sozinho, não aceitar vincular sua vida aos outros, é uma tendência. Há uma necessidade de que a vida gire em torno do meu gozo, por isso mesmo muitas vezes os sujeitos contemporâneos não mantêm e se mantêm em relações. Não é necessário um esforço para isso. Deveríamos talvez reconstruir a ideia de união e desunião. A união poderia ser mais qualificada, refletida. A relação é uma aliança inconsciente com o outro. Há conflitos, mas não pode haver um horizonte narcísico.

Adolescência: desafios de nossa época

A adolescência é uma construção histórica, tendo surgido recentemente em nossa cultura. Ela pressupõe um estado de transição por meio de rituais de passagem simbólicos. De alguma maneira, vivem de forma mais intensa as patologias implícitas em nossa sociedade.

Juventude, na atualidade, é o surgimento de um comportamento que será obsoleto em tempos seguintes. O momento que estamos vivendo é caracterizado por projetos: de vida, de trabalho, de educação. Não temos mais um caminho traçado. A princípio, essa ideia poderia ter sido muito bem explorada em prol da liberdade existencial. No entanto, quando não temos uma trajetória delineada, também surgem mais medos e angústias. A grande angústia está na incerteza de se daremos conta das demandas do futuro ou não. Esse questionamento é tão forte que estamos presenciando cada vez mais a negação das afetações e a tentativa de isenção em relação à vida, que significa uma menor tendência em assumir as responsabilidades. Essa lógica de negação se coloca também como uma certa reação aos ideais de vida com que o mesmo sujeito se depara por meio de suas conexões. O mundo atual está cada vez mais sintetizando dois fenômenos complementares e desafiadores: a depressão e a idealização. Assim, se torna cada vez mais difícil se tornar adulto e assumir responsabilidades. A idealização é infinita, pois é a base da nossa sociedade de construção de desejos pelas mídias, redes e publicidade. Nela, esperamos identificar nosso eu no outro (ou nos outros, em sentido amplo). Quando pensamos em uma sociedade na qual somos afetados pelas redes sociais constantemente, essa dimensão extrapola os limites do razoável. Estamos hoje vendo consequências trágicas, como o fenômeno da automutilação. Cada vez mais temos jovens se cortando para sentir uma dor concreta, física.

Talvez também seja complicado pensar a adolescência como se o ser humano vivesse fases muito delimitadas, sem considerar o desenvolvimento psíquico de cada sujeito. Trata-se, sim, de um conceito precário, mesmo que a sociedade esteja tramitando ao redor dele. A adolescência é complexa porque porta também uma ideia de limbo, quase como uma ideia de não ser, mas que demanda também a conquista da liberdade. Ser e não ser estão caminhando juntos, paradoxalmente. Há uma determinação e uma indeterminação do sujeito. O jovem ainda não tem uma identidade, por isso busca incessantemente uma (comumente em grupos, ideias, pessoas). No entanto, a indeterminação é justamente uma característica indissociável ao humano. A condição de transição deve ser vista a partir de uma indeterminação fundante. Quando a educação, por exemplo, foca todos os seus esforços na formação intelectual, e nesse ponto essa condição indeterminante é radicalmente ignorada, essa tendência pode ser trágica, afinal, os indivíduos podem estar sofrendo e não possuírem lugares de escuta. O adolescente deve viver sua indeterminação, e é aí que reside sua liberdade.

Aos pais, cabe uma atitude de combinação entre escuta dos desejos inconscientes (que se apresenta hoje como um lugar quase inexistente), a partir do próprio sujeito e não dos desejos dos pais, suas projeções e frustrações. Por outro lado, cabe mostrar os desafios e se responsabilizar. O sujeito que está em formação constantemente busca sua condição infantil em que alguém se responsabiliza por ele. É uma dimensão fundante à personalidade, que ressoa em toda a vida, mas sobretudo na adolescência, que implica em mostrar o caminho, o real, e incentivar a criação a partir do próprio sujeito. O limite é fundamental à infância, e hoje vemos uma geração de adolescentes que sofrem, dentre outros motivos, por não terem tido pais que limitaram sua infância e não se colocaram como lei devido à transição geracional na tentativa de fazer algo complemente diferente de seus pais (que, em muitos casos, excederam em limites).

As redes e as reflexões

Em um mundo onde as pessoas estão, em sua maioria, vivendo de forma mais isolada, não tem se projetado muita experiência nova nas redes sociais. De fato, o mundo da imagem tem sido menos explorado para dar lugar ao das ideias. Cada vez mais percebemos o compartilhamento de ideias e reflexões nas redes. Parece que estamos vivendo, momentaneamente, uma transição das imagens às palavras. Estamos em um mundo no qual a interiorização e a reflexão estão ganhando espaço. Diante de alguns desafios, as pessoas estão buscando compreender melhor o mundo que está dentro de si antes de compreender aquele que está ao seu redor.

É interessante verificar alguns conflitos emergentes na clínica psicanalítica: nunca, por exemplo, os relacionamentos foram tão debatidos, talvez porque em um ambiente familiar eles possam ser enfatizados, abordados e elaborados. Muitas vezes, o trabalho e o mundo externo impediam que eles fossem colocados em questão.

Outro aspecto que temos percebido é a ampla circulação de informações. Surgiram nos últimos meses todos os tipos de cursos e formações. Fica cada vez mais claro que viveremos, cada vez mais, em um mundo no qual a informação e o conhecimento serão acessíveis, mas também no qual o diferencial será a crítica e a criatividade. Além disso, outra característica que atualmente tem se colocado como desafiadora no mundo do trabalho é a do equilíbrio emocional. De fato, saber resistir, focar, manter a produtividade, apesar das contradições e afetações, passará a ser um enorme diferencial.

Dentro do contexto das informações e reflexões, chamo a atenção para aspectos pouco perceptíveis à maioria, mas que são mostrados pela escuta clínica. Trata-se de um aspecto sensível à sociedade. Tenho percebido que alguns temas, como o da morte e do suicídio, estão cada vez mais sendo tratados em vídeos, de forma muitas vezes "artística", em músicas e clipes. O problema disso é que essas representações estão servindo de modelo e gatilho, sobretudo para adolescentes. Em um mundo com grande isolamento, essa faixa etária está cada vez mais reflexiva e apática. Os níveis de melancolia e de depressão têm crescido e as buscas por vias estéticas e artísticas também. Afinal, são formas de reflexão mais acessíveis, ainda mais quando falamos de um mundo pop. Parece que o ideal de vida, modelos, prazer, morte, angústia e falta de sentido se misturam. É um jogo perigoso... Portanto, é preciso que os pais estejam cada vez mais atentos a essa realidade, e não somente eles: é indispensável que todos, no fundo, estejam atentos a essa realidade. As reflexões são importantes, mas deve-se tomar o cuidado de fazê-las sempre a partir da realidade, se possível considerando o nosso real. Buscar entrar em outros mundos, angústias que não são nossas, é um caminho arriscado, ainda mais no delicado momento que estamos vivendo.

Sobre os mestres e suas perdas

A presente abordagem é anterior, mais vital e existencial do que qualquer aspecto metodológico da educação. A perda em questão é propriamente aquela de vidas. Há dezoito anos sou professor, tendo passado por vários segmentos (ensino fundamental, ensino médio e educação superior), e, atualmente, atuo em duas instituições de ensino superior. Fazendo uma conta rápida e aproximativa, já tive cerca de três mil alunos. É uma grande satisfação acompanhar a transformação, a evolução e o sucesso deles! O professor, de alguma maneira, escolhe sua profissão para vivenciar uma relação. Trata-se de uma relação singular, que não parece ser tão profunda quanto realmente é. Porém, sua profundidade é tão potente, magnífica e sublime que não temos uma noção clara de qual será seu horizonte. O que um professor ensina ao seu aluno, para além de conhecimento técnico, pode ressoar em toda uma vida até seus últimos dias. E pode também mudar todo um conjunto de relações.

A reflexão hoje é para os colegas professores que, ao longo da pandemia, perderam seus alunos. Nesse período, a ausência gerou medo, angústia e vazio. O trabalho continuou, mas o contato ficou empobrecido. Ao longo dos meses não foi igualmente fácil fazer um luto de perda distante. Em vários momentos, saber que um aluno ou ex-aluno se foi, pela covid-19 ou não, gerou sentimentos de estranhamento. Não poder estar presente, cumprimentar fisicamente a turma, ou não poder se despedir. A pandemia gerou ausência. Perdas fazem parte da vida, mas da forma que estamos vivendo, elas se apresentam ainda mais complexas, pois estamos ausentes, então um vazio impera e as perdas são constantes...

Um aluno leva os ensinamentos de um mestre, suas palavras, seus gestos, suas ideias para a vida e para seu cotidiano, aplicando, transformando, produzindo, criando. Eis uma das magnitudes da educação: propiciar uma fusão de horizontes!

Fico pensando no horizonte dos nossos ensinamentos. As palavras de um mestre ressoam em toda uma existência. Em um exercício de imaginação, idealizo que tais ensinamentos continuam ressoando em outra dimensão. Será o céu uma grande sala de aula? Agora, meus alunos, que tanto dialogavam e ficavam instigados sobre o tema da antropologia da morte, devem estar acenando com um sorriso suave e dizendo: "Querido professor, resolvemos o mistério".

Triste, trágico, melancólico... O ciclo da vida continua. Os ensinamentos continuam. Novos alunos virão, mas e aqueles que estão no céu? Será que agora estão apresentando um seminário sobre a existência? Não passa aqui de um exercício livre de imaginação e reflexão de um professor que perdeu vários alunos e ex-alunos nos últimos meses. Um professor grato a eles por levarem seus ensinamentos para alguma outra dimensão, permanecendo para sempre na trajetória de afetos de uma alma docente. Ressoem, meus caros, os ensinamentos infinita e metafisicamente em algum lugar ou não lugar, dentro de um ciclo de inefável mistério.

Aos mestres: resistam, criem cada vez mais, pois o mundo sempre precisará urgentemente de vocês! O humano prevalecerá... No final, o que verdadeiramente vale em nosso saber é o quanto ele afeta e liberta, o quanto se coloca em direção ao outro em um gesto de alteridade sublime.

Um novo-velho mundo

Estamos vivendo um momento único no mundo. De fato, a pandemia nos fez repensar diversos aspectos de nossa vida, sobretudo no que se refere à vida em sociedade, como a educação e o trabalho. Apesar de não acreditar em uma mudança de comportamento rápida e radical do ser humano pós-pandemia, acredito que aceleramos alguns processos que estavam em andamento no mundo antes da pandemia.

As empresas e o setor público estão vendo que o trabalho remoto pode significar maior produtividade e menor custo. No entanto, penso que o modelo que deve ser adotado se considerarmos criatividade, interação e saúde mental é o misto. A interação pessoal não pode ser completamente substituída. Estamos prestes a passar por mais uma revolução tecnológica, a do 5G. Com ela, o caminho da internet das coisas e da maior automação e conexão em redes será mais aberto ainda. De fato, a virtualização da vida deverá continuar, mas a pessoalidade terá seu espaço também. As pessoas sentiram na pele como é pior viver em um mundo sem a interação pessoal.

Caminhamos para um mundo onde cada vez menos será demandada mão de obra para tarefas repetitivas. Por outro lado, o humano é aquele que consome, não a máquina. As demandas e os gastos, bem como os trabalhos, estarão relacionados ao setor de serviços. Proporcionar novas experiências será a tônica daqui para frente. Para isso, é preciso usar mais do que nunca a criatividade e a inovação, conhecendo de forma profunda o comportamento e as características humanas. A forma como se estrutura o desejo humano será uma questão fundamental.

Pensemos, por exemplo, no caso dos carros autônomos. Se um dia chegarmos a ter carros funcionando sem motoristas, com cidades e estradas integradas e conectadas, poderemos ter uma maior possibilidade de locomoção e mobilidade. Será possível percorrer grandes distâncias sem nos preocuparmos com o cansaço e tendo mais tempo para lermos ou estarmos conectados durante a viagem. Haverá uma maior mobilidade de grupos de idosos e crianças, por exemplo. Os limites físicos serão, mais do que nunca, atenuados. Então, será preciso proporcionar novas experiências às pessoas.

Esse cenário de inovação e descobertas tecnológicas pode facilitar nossa existência, permitindo acesso à informação a um grande número de pessoas. No entanto, é preciso salientar que tudo isso será em vão se não pensarmos em novos horizontes éticos e mudarmos nosso pensamento individualista e de competição. É preciso mudarmos a chave para a cooperação! Juntos podemos fazer um mundo significativamente melhor. Por isso, não vejo outro caminho que não seja a síntese entre inovação tecnológica e ecologia integral. Precisamos pensar em uma integração mais intensa com o todo, a natureza e as culturas, entendendo que a riqueza do humano está na diversidade!

Em um mundo carente de líderes, o Papa Francisco parece ser, independentemente de crença, uma luz e um alento, se mostrando um líder sensível às demandas do século XXI. Em sua recentemente publicada Encíclica *Fratelli tutti*, afirma:

> O individualismo não nos torna mais livres, mais iguais, mais irmãos. A mera soma dos interesses individuais não é capaz de gerar um mundo melhor para toda a humanidade. Nem pode sequer preservar-nos de tantos males, que se tornam cada vez mais globais. Mas o individualismo radical é o vírus mais difícil de vencer. Ilude. Faz-nos crer que tudo se reduz a deixar à rédea solta as próprias ambições, como se, acumulando ambições e seguranças individuais, pudéssemos construir o bem comum.

Novos humanos

Sobre o amor e conflitos

Há algumas páginas viemos aqui abordando temáticas relacionadas à pandemia. Agora, vamos dissertar sobre uma temática atemporal, fundamental à nossa existência.

Há séculos e séculos a humanidade se indaga sobre o amor. É um sentimento que, ao menos em grande parte, parece ser igualado ao sentido da vida. Não é por acaso que muitos buscam entender o porquê de não estarem se saindo bem nos relacionamentos amorosos e identificam esse fato com algum problema psíquico, enxergando essa questão, na maioria das vezes, como fonte de infelicidade.

A nossa cultura foi muito marcada pelo idealismo, por isso, em muitos momentos, falamos em "amor perfeito", o que piora ainda mais esse processo. Afinal, como não somos seres perfeitos e justamente tramitamos nas faltas, nos vazios, nas ausências, não poderemos jamais alcançar a perfeição (ela não passaria de um delírio neurótico!).

Na Idade Média e no Renascimento existia o "amor cortês". Essa forma de amor era distante, longínqua, refletida. Quanto mais o amado ficasse silenciado, mais havia satisfação. Isso indica que o amor possui um movimento: não há reciprocidade. No fundo, é isso o que acontece em diversas situações. A fantasia é do sujeito, não do outro. Aqui está um ponto importante da reflexão sobre o amor: é um sentimento individual, apesar de haver uma tentativa de projeção. Amamos porque somos seres faltantes (e essa é a nossa condição), e nossos vazios não serão preenchidos pelo outro.

No *Seminário XX*, ao falar sobre o amor, o psicanalista francês Jacques Lacan (1985, p. 65) nos diz que esta é uma paixão ignorante do desejo, impotente e recíproco, pois "ignora que é apenas o desejo de ser Um, que nos conduz ao impossível de estabelecer a relação dos dois sexos". Para demonstrar essa característica, Lacan retoma o paradoxo de Zenão, no qual Aquiles só pode ultrapassar a tartaruga e não se emparelhar a ela. Nesse sentido, podemos afirmar o que se refere ao gozo sexual: de dois não se faz um. Esse Um só se aguenta pela via do significante, do simbólico. O gozo é solitário. Os corpos copulam porque as palavras copulam. "Um corpo, isso se goza. Isso se goza por corporificá-lo de maneira significante". A linguagem é obstáculo ao gozo pleno. Este é da ordem do impossível ao ser falante.

O amor, como relação fundante com o Outro, é conflito, discordância, e aqui se situa seu problema. Basta amar para se ver presa desse paradoxo, porque seu foco é totalizante e imaginário, e, assim sendo, sem saída. Finaliza-se no ódio que visa dominar a alteridade do objeto de amor. O amor como relação de objeto diz respeito ao campo do imaginário, por isso Lacan propôs uma solução simbólica, que é a saída pelo significante. O amor como significante é uma metáfora afinal, o metafórico da ordem da substituição, alcançando os caminhos mais profundos da dimensão inconsciente.

Contradições humanas

O ser humano é um ser contraditório! Penso que o leitor concordaria com essa afirmação inicial, inclusive imaginando diversas situações em que ela é comprovada. Em tempos de pandemia, e também antes e depois dela, vivemos eventos, pensamentos e situações contraditórias em nossa vida. Vou elencar algumas delas.

A primeira e, talvez, a mais perversa situação contraditória humana é o desejo de perfeição. Somos seres finitos, que têm como medo mais primordial o medo da morte. Entretanto, imaginamos, criamos e seguimos, de forma fantasiosa, diversas projeções do suposto "ser perfeito". Ora, não temos mesmo condições de sermos perfeitos, de alcançarmos, um dia, um estágio de paz e harmonia absolutas. Os budistas propõem algo nessa direção, mas, para tanto, precisam afirmar um "esvaziamento" da mente e dos desejos. Não tem como afirmar a vida e seus desejos e blindar os sofrimentos. Eis uma contradição humana!

A segunda contradição humana que apontaria é aquela da pretensão do autoconhecimento. Imaginamos que podemos nos conhecer fazendo um mergulho no nosso "eu" mais profundo, nas dimensões da alma que nem imaginamos existir. Na sequência desse pensamento logo aparecem projeções ilusórias. As "dimensões mais profundas da alma" podem não passar de pensamento imaginativo. Afinal, não podemos ser atores e plateia ao mesmo tempo. Assim, ao nos depararmos subitamente com o vazio, buscamos nos conhecer por intermédio da projeção de outros "eus", comumente com o auxílio dos chamados livros de autoajuda. Nesse caso, a situação piora, afinal, o outro afirma muitas coisas que imagino serem aplicáveis a mim mesmo. Mas não são! Para isso ser verdade, teríamos que supor a existência de um ser humano com características universais. Pura ilusão! De fato, vivemos sofrimentos humanos que aproximam nossa espécie, mas cada um os vive de forma singular, dentro de sua historicidade. A contradição aqui é: nos conhecemos por meio do outro, mas indiretamente, inconscientemente, por meio dos afetos gerados pelas relações. Não se trata de uma dimensão racional, controlável.

Uma terceira e profunda contradição humana é a busca pela felicidade. Esta apresenta contornos distintos da busca pela perfeição. O caminho que o ser humano percorre para alcançar a felicidade possui algumas características mais práticas. Imaginamos que ser feliz é deixar de fazer muitas coisas e fazer tantas outras, pontualmente. Pensamos que podemos ser felizes se nos adequarmos a um modelo social que se sustentou na afirmação de promessa de felicidade. Então, o modelo, se não seguido plenamente, se mostra como a causa da infelicidade. Mais uma (amarga) ilusão do humano. Afinal, não existe nenhuma fórmula para a felicidade (se o leitor já leu uma, por favor, deixa-a de lado). Como psicanalista há mais de uma década, escuto muitas pessoas infelizes em sua profissão, em seu casamento ou relacionamento amoroso, em sua condição de pai ou mãe. Todos esses vínculos podem ser caminhos de felicidade, mas apenas se construídos de forma cuidadosa e refletida, singularmente. Se forem desejos de outros e receitas prontas, podem gerar muita infelicidade, assim como frustrações.

Enfim, o ser humano é um ser contraditório. No entanto, é possível, sim, criamos nosso caminho de forma autêntica e singular. Eis a beleza humana!

Os "outros" e a nossa existência

Quando pensamos no conflito entre o nosso desejo e o desejo dos outros, sobretudo aqueles que assumimos, de forma equivocada, para nós, frequentemente entramos em um cruel sofrimento. A saída para esse impasse não seria simplesmente não olhar os outros e nos preocuparmos apenas com nós mesmos e com os nossos desejos. Certamente não é a solução.

O "outro" deve ser escutado e entendido em seu próprio horizonte, sem que busquemos identificar suas características com algo em nós. De fato, não conseguimos compreender exatamente como a pessoa está sofrendo, afinal, o sofrimento é dela. O que devemos fazer é abrir um espaço de escuta sem simplesmente querer enquadrar aquele sofrimento em algum motivo, em alguma categoria ou causalidade. Por mais que tenhamos boas intenções, muitas vezes as palavras erradas em alguns momentos podem causar mais sofrimento. A dimensão da escuta tem sido rara, pois, em um mundo (mesmo em tempos de pandemia) apressado, somos tentados a logo encontrar uma explicação para os sofrimentos alheios e querer colocá-lo em moldes. O problema é que os moldes podem ser mais violentos do que o próprio sofrimento original. Por exemplo, quando uma pessoa tem depressão, o que significa que não consegue sair dessa condição por vontade própria, seus próximos dizem, entre outras coisas, "Você precisa rezar mais". Ora, é possível ter uma vivência de espiritualidade e, ao mesmo tempo, ter depressão. A espiritualidade genuína nos abre ao outro, nos humaniza, mas não nos torna imunes aos traumas inconscientes do passado, ao sofrimento psíquico. Aliás, uma espiritualidade sincera e madura deve permitir que estejamos mais abertos à escuta e aos sofrimentos do próximo, mesmo aqueles que não queremos ver ou que ignoramos socialmente. A escuta permite suspender juízos prévios sobre determinado assunto, buscando compreender uma situação ou condição de existência a partir de outro horizonte existencial.

Em nosso meio, é muito comum diversas ausências de escuta gerarem enormes sofrimentos. Isso se deve ao preconceito, que nada mais é do que a formação de conhecimentos prévios, formados sem nenhuma fonte de escuta e, portanto, de conhecimento real, distante de pensamentos paranoicos.

"O inferno são os outros", dizia o filósofo Jean-Paul Sartre, mas também é a nossa própria constituição. Desde a nossa mais tenra infância, somos seres relacionais. Nosso desejo passa originariamente pelos desejos das figuras materna e paterna. Porém, em determinado momento, presenciamos a formação de nossa singularidade (que vamos percebendo ao longo da nossa existência). Enquanto seres humanos maduros, podemos manter nossa identidade e compreender o outro. É pela presença de diversidade em nossa vida que vamos nos enriquecendo e humanizando. De alguma forma, os preconceitos impedem o contato com o diverso de nós mesmos. É interessante verificar esse fenômeno no campo religioso. Quanto mais alguém tem uma crença definida (ou uma convicção), mais deveria conhecer outras religiões, até mesmo para entender melhor a sua, e, sobretudo, para entender formas diversas de crenças e valores. Pensar a partir da pluralidade é mais rico, criativo, ético, humano e interessante.

Relacionamentos, ansiedade e transtornos psíquicos

As doenças físicas, quando alcançam altos níveis de dor, são facilmente (ou nem tanto) perceptíveis. O fato é que ninguém negaria, em sã consciência, a existência de uma patologia quando a mesma é diagnosticada de forma precisa. O mesmo não acontece no campo dos transtornos psíquicos. Aqui temos um grave problema, que aprofunda as próprias demandas psíquicas. Em um mundo acelerado (que continuará a ser após a pandemia), as pessoas apresentam cada vez mais ansiedade e transtornos psíquicos diversos, como, por exemplo, a síndrome do pânico. No entanto, nem todos conseguem entender essas dimensões patológicas, considerando-as insignificantes. A pessoa que passa por transtornos de ansiedade, pânico ou depressão sabe o que está vivendo e que não é fácil suportá-los. Na realidade humana, nem tudo que existe é material, concreto e palpável. Ao contrário, a mente humana apresenta diversas características imateriais, tais como a inteligência, a consciência, o inconsciente, a memória e a percepção. Apesar de imateriais, são realidades que controlam a realidade material em vários aspectos.

Chamo a atenção para uma realidade, triste e crescente, que tenho percebido na clínica. Muitas pessoas têm vivido um relacionamento no qual o(a) seu(sua) parceiro(a) não entende e não se esforça para compreender sua demanda psíquica. Ao contrário, considera essa realidade como "fraqueza emocional", tornando a dor mais insuportável ainda. O problema é que a pessoa já se encontra em um grau de vulnerabilidade e tende a se apegar ao próximo, àquele que é do seu convívio, fazendo o seu (perverso) jogo. Estamos falando de uma violência em uma forma extremamente cruel: a da dimensão psíquica. Dessa forma, é importante reconhecer os transtornos e entender nossa impotência diante deles. A pessoa que ama e quer o cuidado do outro precisa admitir isso e procurar ajuda, assim como o outro precisa incentivar seu par na busca pela ajuda. Quando recebo um contato de uma pessoa procurando ajuda para alguém próximo, percebo como um belo gesto de cuidado. Aliás, talvez seja um dos maiores, pois é fácil amar na calmaria, mas nem tanto assim nos mares turbulentos, quando é preciso apostar no outro, na sua recuperação e na sua superação.

Em alguns casos, esse processo é mais complexo, como ocorre, por exemplo, entre adolescentes. E não duvidem: tem ocorrido muito mais do que os pais imaginam. Com um mundo conectado, as emoções e os afetos estão mais fluidos. É difícil imaginar que muitos adolescentes estariam aptos a lidar com esses problemas. Pelo contrário, muitas vezes eles complicam essas situações, elevando-as a níveis perigosos.

Relações amorosas e suas complexidades

A “relação amorosa” sempre foi um tema importante e gerou grandes interpretações acerca do ser humano. Afinal, em última instância, poderíamos dizer que o relacionamento entre duas pessoas é complexo, mas possível, sendo fonte de alegrias e sofrimentos. Diria, inclusive, que é a origem de uma das principais fontes dessas duas características humanas: a felicidade e a dor.

O amor não é um sentimento que transcende nosso eu, que está para além de nós mesmos, advindo de elementos externos. Não é possível colocar fora da subjetividade o que sentimos. É preciso pensar a partir de nosso eu e de nossos não ditos. Eis uma de suas complexidades, pois passa por dimensões inconscientes. Não compreendemos e não temos controle sobre o sentimento, sobre a emoção. Quando abordamos a ideia de amor, abordamos uma ideia muito vasta, que é a superação entre a razão e o afeto (entre *logos* e *pathos*).

O amor seria algo que nos invade, ameaça e nos faz perder a razão. Em nosso imaginário, se trata de uma força para além de nós mesmos, de uma ordem metafísica. Aqui já começa o problema: idealizamos o amor. Por um lado, seria o fundamento último da felicidade, por outro, passaria por um ideal de perfeição. Ao contrário, só é possível amar quando há uma falta, que, por sua vez, gera um desejo, o qual não podemos entender neuroticamente como um dia sendo pleno e realizado. Ou seja, a trama do amor é a trama do desejo, que possui como horizonte a incompletude.

Alguns aspectos patológicos surgem quando tratamos do amor. Um deles, talvez o mais frequente, aparece com uma roupagem de obsessão que desencadeia o ciúme. De fato, ocorrem, em muitos relacionamentos, diversas projeções de um em relação ao outro. Em alguns casos, o outro vem "para me salvar", "trazendo a felicidade ou o equilíbrio". Nada mais frágil e ilusório. O outro não pode gerar patologias em nós mesmos, elas já estavam ali latentes. É preciso entender que uma relação é feita por dois "eus", que possuem memórias e caminhos de subjetividades diferentes. É possível, no máximo, estabelecer uma comunicação entre esses dois caminhos.

Freud nos ensina, em sua obra *Além do princípio de prazer*:

> É fácil perceber que essencialmente se compõe de pesar, de sofrimento causado pelo pensamento de perder o objeto amado, e da ferida narcísica [...] de sentimentos de inimizade contra o rival bem-sucedido e de maior ou menor quantidade de autocrítica, que procura responsabilizar por sua perda o próprio ego do sujeito (FREUD, [1922] 1976, p. 271).

O ciúme patológico aparece quando se projeta excessivamente o sentido da existência no outro. Torna-se insuportável a ideia da perda. Podemos também afirmar que o desejo de um indivíduo é tornar-se desejo de outro, por isso mesmo a rejeição apresenta contornos tão difíceis de elaborar, pois toca na ordem de uma quebra do próprio eu, resultando em uma profunda ferida.

Afetações e relacionamentos

O ser humano porta em sua vida presente o seu passado. Alguns conseguiram elaborar melhor seus traumas e outros simplesmente transformam elementos traumáticos em sintomas. Em sua singularidade o ser humano já é um ser complexo, imagine então quando se relaciona com outros, sobretudo em um relacionamento diário com um parceiro amoroso, por exemplo.

Tendemos a buscar soluções também no outro, em um caminho ilusório, de fantasias, em que as idealizações são predominantes. Uma vez que, depois de um tempo, vemos que os sintomas permanecem, que os traumas não foram elaborados por causa do relacionamento (mesmo porque ninguém pode elaborar nossos traumas em nosso lugar), então o outro deixa de ser mocinho e se torna um belo vilão. Também nesse momento estamos enganados. O outro não é nem a nossa salvação, nem a nossa condenação.

Na clínica psicanalítica, é muito comum escutar pessoas que identificam a fonte de seus problemas em seu parceiro ou em sua parceira. Aos poucos, com o avançar da análise, vai-se entendendo que o outro não tem um lugar tão central, e que, em última instância, seus problemas são apenas seus, frutos de momentos do passado que estão em demasiado presentes. Traumas não elaborados falseiam a realidade e as relações.

Como nos ensina Freud: “O investimento libidinal em um objeto não eleva a autoestima. A dependência ao objeto amado tem como efeito a redução daquele sentimento: uma pessoa apaixonada é humilde. Um indivíduo que ama priva-se, por assim dizer, de uma parte de seu narcisismo, que só pode ser substituída pelo amor de outra pessoa por ele" (FREUD, 2006, p. 32).

De fato, há uma dimensão de vulnerabilidade nas relações que se traduz em afetações constantes. Por isso, muitos acreditam que o relacionamento é o seu maior problema.

Por outro lado, existe hoje em nossa sociedade um sentimento de independência das pessoas. Cada vez mais algumas gerações se consideram autossuficientes e não dependentes de relacionamentos, dos outros, de ninguém. Comumente, são pessoas que procuram canalizar seu sintoma no trabalho em uma intensa vida profissional. Não há problema em ficar sozinho; de fato, as pessoas não precisam identificar o estar com o outro, em um relacionamento, com a completa felicidade. Não existe felicidade completa, nem felicidade, apenas seres desejantes. Por outro lado, também não há problema em relacionar-se, em estar vulnerável, em dividir traumas e sofrimentos, dores e alegrias. O que é preciso fazer é não projetar fantasias, idealizações e horizontes neuróticos. É preciso entender que o outro não vai resolver nossos traumas e que, se os levamos ao relacionamento, o cenário pode se complexificar imensamente.

Há poucos meses escutei uma frase interessante aos nossos tempos: "Já fui logo perguntando ao meu pretendente se ele faz análise, pois assim já terá resolvido e elaborado suas questões, seus traumas, ou pelo menos estará nesse processo". É um caminho...

Devemos viver sozinhos?

Você, caro leitor, já escutou dizer em algum lugar que o ser humano não foi feito para viver sozinho. Eis um ponto de convergência entre as duas matrizes da cultura ocidental: tanto para gregos, quanto para judeus, o ser humano tem como uma de suas características principais o viver em sociedade, o estar com o outro.

É verdade que nos últimos tempos cada vez mais pessoas buscam encontrar felicidade ou até mesmo o sentido da vida em si mesmas. Para muitos é um louvável caminho, talvez com menor complexidade do que aquele de estar em uma relação. Por outro lado, ressaltaria uma observação a partir da experiência clínica: muitos estão preferindo não se relacionar por causa do medo, este advindo de traumas do passado, comumente tendo como conteúdo principal o significante "abandono". Se uma pessoa foi abandonada na infância, em algum grau, se sofreu rejeição de diferentes níveis, vivenciará um medo persistente, que a levará a evitar ao máximo entrar profundamente em um relacionamento amoroso, por exemplo. Nesse caso, o viver sozinho está relacionado a uma fuga, ao medo constituído pelo passado traumático (abandono e rejeição podem gerar feridas profundas). Nesse caso, é possível elaborar esses vazios e, sim, ver-se livre para relacionar-se.

É comum hoje vermos pessoas que preferem relações mais simples, com menor grau de afetação. Trocar, por exemplo, relacionamentos afetivos humanos por outros não humanos pode ser um sinal desses vazios que precisam ser elaborados. Não que o relacionamento com animais seja ruim, mas ele não pode substituir os relacionamentos entre humanos.

Muitas vezes, vivenciar a solidão está também relacionado a um aspecto de autossuficiência que muitos imaginam ter hoje em dia. Pessoas que possuem destaque e autonomia profissionais, maturidade emocional e independência em diversas dimensões imaginam que não podem e não querem se colocar em alguma dimensão de abertura ao outro (abertura que pode significar vulnerabilidade). Ora, o ser humano é, sim, um ser de abertura e de vulnerabilidade, ele não é autossuficiente em momento algum, pois o outro está em sua trajetória. Claro, ele também deve cuidar da qualidade dos relacionamentos. Devemos buscar, como em diversos aspectos da vida, conciliar dois pilares do nosso existir: o outro e o eu. Devemos nos abrir ao outro, mas devemos cuidar de nós mesmos. Em relacionamentos abusivos, presenciamos uma excessiva e patológica abertura ao outro e o esquecimento de si próprio.

Precisamos estar inseridos em algum grau de relação, de forma que não podemos e nem devemos viver sozinhos. Muitos imaginam que estar em um relacionamento amoroso e levá-lo adiante pode significar uma perda de autonomia e liberdade. Dessa maneira, vivem adiando e afastando essa possibilidade. Diria que, se o relacionamento implica em perda de autonomia, então o problema está especificamente no próprio relacionamento, e não no relacionar-se. Agora, se algum ator daquela relação estiver bloqueado em seus afetos por sentimentos conturbados do passado, aí é preciso antes buscar elaborar e superar tais bloqueios.

É possível estar sozinho e é possível escolher caminhos diversos e indeterminados. Apenas devemos nos certificar de que essa decisão foi verdadeiramente livre, pois, ao final da vida, pode surgir um grande arrependimento de não ter arriscado mais, portanto, não devemos deixar que o medo paralise e falseie nossas ações.

O perdão dos pais aos filhos

Há anos tenho trabalhado o tema do perdão. Na clínica psicanalítica, na filosofia e na teologia o ato de perdoar intriga e é incrivelmente complexo por sua simplicidade. Não é um ato fácil, mas é possível. Cada um sabe (e também não sabe em sua dimensão inconsciente) o quanto a ferida foi exposta, até que ponto ressoa a falta cometida pelo outro. Por isso, precisamos primeiramente livrar o gesto do perdão das culpas e da obrigatoriedade.

O perdão é possível entre amigos, entre casais, na sociedade, na justiça, na história, assim como também está presente entre pais e filhos. Para algumas gerações pode parecer inimaginável pensar nessa ordem: pais sendo perdoados por filhos. Muitos imaginariam justamente o contrário, o que pode ser uma realidade igualmente sublime.

Vivemos um conflito de gerações e de consciências. É comum escutar na experiência da clínica a frase: "meu pai ou minha mãe me educa como foi educado". Pais de algumas gerações acham que a única forma de educar os filhos é a forma que eles viveram e conheceram, portanto. Não é o caso de culpar gerações, nem de apontar seus erros, mas sim seus limites. Não é verdade que a educação violenta do passado deu certo. Afinal, os vazios de hoje são reflexo do passado. Por que será que temos uma geração tão depressiva hoje? Ou por que muitos não tratam seus traumas e os canalizam para o uso do álcool, das drogas, de medicamentos excessivos?

Os vazios das relações do passado estão presentes, devem ser escutados e, sobretudo, não reproduzidos. Escutar os filhos, PROPOR caminhos e estar junto são fórmulas saudáveis de recentes gerações. O pai não deve mais ser exclusivamente uma figura provedora, ausentando-se da dimensão afetiva. Mães podem, sim, manter suas atividades profissionais, servindo de inspiração e exemplo aos seus filhos. As ausências da falta de tempo podem ser supridas qualificando o tempo, as feridas da frieza são arduamente curadas...

O que mudou nos pais de hoje em relação aos do passado? Claro, caro leitor, sempre existem exceções e pessoas que estão à frente do seu tempo... A mudança fundamental é que hoje temos vários caminhos para lidar com a educação dos filhos. Não existe uma fórmula pronta, precisamos descobrir práticas ao longo do processo. Só assim podemos respeitar a individualidade dos nossos filhos. Dois seres humanos não podem ser educados exatamente da mesma maneira, cada um é único, singular em sua subjetividade.

Por isso, alguns caminhos do educar e do afeto podem se mostrar bons, enquanto outros nem tanto. É preciso perceber os erros, as projeções de traumas e recomeçar. Aqui entra a beleza do perdão: pedir perdão aos filhos é um gesto inesquecível que eles levarão para sempre até o último dia de sua existência, e que permitirá um sublime encontro com a liberdade.

Felicidade e horizontes humanos

O tema da felicidade foi amplamente discutido por filósofos e escritores ao longo dos séculos. De fato, trata-se de uma temática crucial à nossa existência, afinal, não existiria nada mais importante do que a busca pela felicidade. Em última instância, essa dimensão definiria o sentido da nossa vida, indicando os melhores caminhos a serem seguidos.

Na Grécia Antiga, pensava-se que a felicidade estaria associada à prática do bem comum. O cidadão, ao exercer sua racionalidade em prol da coletividade, poderia estar contribuindo também para o seu bem-estar. Ser feliz seria, dessa maneira, consequência de um gesto, uma ação que visaria ao bem comum. Assim como grande parte do pensamento grego, nossa cultura seguiu esse princípio de forma substancial. Diria que existe um grau de equívoco nessa concepção, pois ela não dá ênfase à individualidade.

Por outro lado, se pensarmos nos tempos atuais, o jogo se inverte: ser feliz passou a ser visto com um ato isolado, de prazer pessoal e que não deve considerar muito a coletividade. Ainda assim, a cultura ocidental, devido à influência grega, buscou equilibrar o coletivo e o individual, mesmo que por vezes de forma precária.

É comum pensarmos que a felicidade está vinculada à uma espécie de destino, como se tivéssemos que encontrar um propósito, uma missão em nossa vida para que tudo começasse a dar certo e, assim, um dia, alcançássemos uma espécie de plenitude. Eis um pensamento extravagante, fruto de idealizações, que passa longe do real. Não precisamos encontrar um grande sentido da existência (mesmo porque podemos construir sentidos) para que sejamos felizes. Não precisamos lutar sempre por atos gloriosos para dar sentido à existência. No fundo, os sentidos são cotidianos, renovados a cada momento e fruto dos nossos desejos, que são a dimensão última que nos insere no mundo. Em outras palavras, quando não buscamos grandes momentos de felicidade, é muito mais fácil encontrarmos aqueles pequenos instantes felizes. Esses instantes são reais e não fantasiosos como os momentos que se pretendem glamorosos.

É interessante notar hoje que muitos querem ignorar os momentos reais para viver sonhos e projeções virtuais. No fundo, essa última dimensão pode nos impedir de viver instantes felizes. A felicidade é um horizonte humano real, corporal, de afetos, não passa pela razão ou propriamente pelos ideais distantes. Não devemos esperar a felicidade futura, projetada e imaginada. Devemos decidir sermos felizes na terra, não esperando o céu. Podemos viver o "céu" na terra. O sofrimento é parte da existência humana, não devendo ser justificado como uma etapa para alcançarmos momentos felizes posteriormente. Sofrimento, dor, alegria e felicidade são dimensões humanas, demasiadamente humanas, que podem aparecer juntas, misturadas à bela e complexa trama que conduzimos na condição de seres humanos.

"O inferno são os outros"

A frase acima parece ter um significante extravagante, mas beira um realismo inigualável. Seu autor, o filósofo francês Jean-Paul Sartre, evidencia na peça teatral *Entre quatro paredes* o impacto que os outros podem ter em nossa existência.

Além disso, também podemos resgatar outro mestre da filosofia para entendermos outra característica humana fundante: "o Homem é um animal político". A frase de Aristóteles nos mostra que temos como característica a sociabilidade, o contato com "outros diversos", até mesmo por sermos seres de linguagem. A linguagem, por meio de seu núcleo de conceitos, é um canal de interface com o mundo, externalizando-o e internalizando-o. Dessa forma, o convívio e a interação com os outros é natural e até mesmo inevitável, no geral. Apesar disso, temos como outra parte de nosso horizonte a liberdade, sendo seres de escolhas. Os outros podem ser nosso inferno, mas também nossa salvação.

Em tempos de conexão de afetos em redes sociais, devemos qualificar nossas escolhas, refletindo bem sobre elas e não simplesmente seguindo a onda de novas conexões. Isso vale tanto para a vida real quanto para a vida virtual! Desafio agora o leitor a refletir sobre suas conexões nessas duas dimensões. Quantos contatos em redes sociais trazem diariamente inspirações ou afetações. Eles podem nos incentivar a sermos seres melhores, inspirando-nos, permitindo a elaboração de ideias e até mesmo libertando-nos de alguns aprisionamentos. Por outro lado, podemos ser afetados ao gerar sentimentos ruins, resgatando memórias traumáticas. Temos que cuidar, cada vez mais, das nossas conexões. De modo parecido, existe essa ambiguidade nas relações pessoais, reais. Podemos viver muitas vezes relações tóxicas no ambiente de trabalho, na escola, na família e até mesmo no círculo de amigos. Algumas pessoas estão tão acostumadas com esse tipo de relacionamento que não percebem o que estão vivendo e as consequências avassaladoras em sua vida (vejo na clínica que é uma das fontes de ansiedade e depressão mais frequentes na atualidade). Por isso, faço o mesmo convite ao leitor a refletir sobre seus relacionamentos em todos os âmbitos. Em alguns deles a afetação vem de forma mais complexa, por vezes naturalizada, como é no caso dos relacionamentos familiares. A pessoa está tão acostumada a viver a toxicidade que não percebe essa condição (apenas quando tem a chance de elaborar ou evidenciar traumas, por exemplo, no processo de análise). Podemos, então, fazer o mesmo exercício: quais são as pessoas que nos constroem ou nos destroem (de alguma maneira, gerando afetações)? Você, caro leitor, tem condições de dizer agora quais são as relações que te afetam, conscientemente ou inconscientemente? Quais são as consequências delas? Se sim, parabéns! Certamente você é um ser livre... Por outro lado, se não tem clareza das relações tóxicas e das construtivas, tente elaborar essa dimensão, pois sua liberdade e sua saúde mental dependem desse ato de reflexão.

Como disse acima, em alguns espaços as relações são mais complexas e menos perceptíveis, resistentes a uma reflexão breve. É o caso das relações familiares. Muitas pessoas apenas conseguem perceber que vivem relacionamentos tóxicos ao longo do tempo, com o passar de décadas, entendendo que essas relações não podem vir acompanhadas de conceitos pesados e violentos de "sagrado", beirando uma característica de infalibilidade.

É chave para nossa liberdade e felicidade (as duas caminham juntas!) o cuidado com nossas relações, virtuais e reais, familiares ou construídas ao longo da nossa vida.

O ser humano, o conhecimento e a liberdade

Ao longo da trajetória humana na história, em muitos momentos, nossa subjetividade esteve aprisionada a modelos e padrões de épocas. Mesmo hoje, ainda vivenciamos sociedades menos abertas e livres. Trata-se de um destino trágico para aqueles cidadãos, pois não possuem possibilidades de mundo, vivências e, em última instância, liberdade. Alguns fatores podem aprisionar sociedades, tais como: modelos políticos e econômicos totalitários (socialismo e liberalismo podem aprisionar sujeitos), o fundamentalismo religioso (como em parte do mundo árabe) ou mesmo governos populistas que se utilizam da máquina estatal para aprisionar populações mais pobres.

Há três anos, tive um convite para participar do Congresso Mundial de Filosofia, em Pequim. No entanto, uma amiga, pesquisadora e professora de uma universidade de Taiwan me alertou: "não seria bom você apresentar um trabalho ou dar uma palestra na China que relacione os temas democracia, perdão e cristianismo". Naquele momento, desisti de participar do congresso. Nada contra a China, mas não me pareceu um contexto cultural propício a discutir filosofia... Fiquei pensando como deve ser limitada a vida de grande parte daqueles cidadãos, mesmo com todo o desenvolvimento econômico e social. Liberdade e democracia são essenciais ao bem-estar.

O fato é que, com a tecnologia, verificamos aprisionamentos em grupos fechados, por meio de disseminação de ideias falsas, que captam mentes (em sua maioria patológicas). No entanto, existe o outro lado da moeda! Sujeitos podem ter contato com realidades diversas e, então, enriquecer, abrir e libertar suas mentes! O ser humano é um ser, em sua originalidade, de diversidade, de encontro com o outro. Desde sua primeira infância, precisa romper com o estágio simbiótico, quando está em união plena com a figura materna. Alguns indivíduos parecem reproduzir modelos de mundo sempre, vivendo eternamente em seu (limitado) mundo. Muitas vezes sua realidade parece boa, estável, mas esquecem que o ser humano pode ser mais denso e mesmo mais humano quando diante de diversidades. Não vivenciar nossas potencialidades, que só aparecem quando nos libertamos de amarras psíquicas, é uma triste realidade, uma vida simbolicamente mais pobre.

Por isso, penso, sim, que a educação deva buscar incessantemente esse lugar de crítica e abertura, de mostrar caminhos. A educação, em diversos contextos e épocas, foi cerceadora. No entanto, nos últimos anos tem existido um movimento de liberdade. A meu ver, é reflexo de um gesto natural de diálogo com uma sociedade na qual as ideias circulam mais facilmente, de forma incessante. Cabe às escolas entender que a educação deve dialogar com essa realidade, com as tecnologias, *games*, redes sociais, YouTube, etc. Há um mundo de possibilidades, tanto presenciais quanto remotas! Na escola, o aluno pode sistematizar, aprofundar, inserir um olhar crítico à realidade, mas não pode perder contato com ela! É interessante notar que, nos últimos cinco anos, os canais do YouTube de maior sucesso entre adolescentes foram relacionados ao conhecimento. Ou seja, o conhecimento pode ser divertido, dinâmico, teórico, prático e democrático.

Autoperdão

O perdão é um tema complexo. Não é todo dia que perdoamos, já que este é um processo árduo, que leva tempo. Quando falamos em perdoar a nós mesmos, esse processo se intensifica. É possível entendermos que a falta de perdão conosco está vinculada a uma situação de fixação. Fixamos o olhar em situações negativas que realizamos no passado. O grande segredo do perdão é entender que somos seres para além dos nossos atos do passado. Podemos, sim, agir para além dos atos passados, inclusive ressignificando-os. Como psicanalista, vejo há muitos anos diversas pessoas alcançando esse grau de existência, de liberdade. O autoperdão é um processo parecido com o luto. No processo de perda de uma pessoa querida, quando temos elementos simbólicos que lembram constantemente aquela pessoa, o luto se torna mais difícil. Outro elemento que aqui está associado e que impede as pessoas de se perdoarem é a culpa. Muitas vezes a culpa vem pelo olhar do outro, que pode ser entendido como uma pessoa próxima, da família, do círculo de amigos ou mesmo da cultura e de instituições religiosas. Os dois processos que acabamos de descrever estão intimamente relacionados: a fixação em elementos que propiciaram os atos negativos, ou mesmo nos atos e suas consequências, são nutridos, em grande medida, pela culpa. É preciso elaborar e entender o porquê do ato, bem como suas consequências. No entanto, também é igualmente necessário pensar na possibilidade de novos atos e em um caminho completamente distinto daquele outrora concretizado.

As críticas dos outros ressoam na vida daquele que não se perdoa, acarretando, muitas vezes, em processos que causam uma diminuição da autoestima. Comumente, a pessoa é alvo de tantas críticas e nomeações que abalam todo comportamento futuro daquele indivíduo que cometeu a falta. Essas nomeações são violentos conceitos que tentam constantemente identificar o indivíduo com o ato.

Também é preciso salientar que o gesto de perdão deve ser necessariamente entendido como um ato de coletividade. Por isso, dentre outros motivos, se coloca como algo tão fundamental aos nossos tempos, tempos de individualismo e egoísmo. Perdoar quer dizer envolver várias pessoas: aquela que sofreu o ato, a que praticou e as que estão envolvidas e próximas a ambos. É comum verificar na clínica como a falta de perdão por pais e mães na condição de filhos traz inúmeras e sérias consequências aos seus próprios filhos. É como se o ciclo da vingança e do ódio não tivesse fim.

Por último, ressaltaria outro importante aspecto relacionado ao perdão. Diria que existe também um elemento individual no ato de perdoar. Cada um tem um grau de possibilidade de perdão. Quando alguém nos ofende, alguma coisa foi ferida. E só nós sabemos até onde essa ferida foi aberta, o que ela resgatou de traumas, que estavam até mesmo em um nível inconsciente. Por isso, não podemos nos culpar por não perdoar, pois devemos entender o perdão em seu horizonte. Perdoar é algo extraordinário, portanto não se trata de uma obrigação. De algum modo, cada ser humano tem um ritmo próprio. Não somos péssimos humanos por não perdoarmos, por não nos autoperdoarmos. Mas somos seres humanos que podem perdoar, temos essa possibilidade e potencialidade, podemos viver um horizonte de (auto)perdão.

Família e laços sociais

O indivíduo nasce sem saber ordenar sua própria vida, por isso a família se torna tão central no processo de formação da personalidade. A clínica mostra como a família pode ser a origem de diversas demandas psíquicas. Seres humanos que vivem próximos a nós compõem um núcleo que é causa de diversas patologias. Abrindo mão de uma visão irrealista e romântica, podemos entender que a origem das neuroses e perversões pode estar nas relações mais primárias. Nestas vamos aprendendo cenas, modelos, emoções e formas de canalizar as forças que vivenciamos.

A família pode ser fonte de loucura e de amparo. Normalmente, é lugar de modelos identificatórios inconscientes. Tais modelos também podem ser, negativamente, fonte de repetição, modelos que repetimos ao longo da vida e que queremos superar em alguns momentos.

Não é comum vermos famílias que conseguem simbolizar suas faltas, seus vazios e seus traumas. É mais comum presenciarmos um núcleo de afetos, afetações e neuroses, uma pessoa projetando seus traumas nas outras. Muitas vezes, uma criança é a porta-voz dos problemas familiares justamente por ser o objetivo de canalização das neuroses dos pais ou irmãos.

É muito comum também que os filhos não tenham seus desejos inconscientes respeitados. Os pais projetam, com frequência, um conjunto de frustrações pessoais em outras pessoas, como se a trajetória de desejos de ambos fosse a mesma. Esse processo acaba por gerar dor.

Os lugares de pai e mãe não são sagrados como muitos acreditam. O sagrado, enquanto comumente compreendido, é violento. Nessa concepção, independente da conquista, dos atos e do cuidado, há a obrigação moral da existência do amor. No fundo, torna o amor superficial e inexistente. O amor, assim como a amizade, não é pré-concebido, mas depende de atos para que possa se efetivar. Ser obrigado a amar quando não vemos amor no outro gera inúmeros problemas psíquicos. O indivíduo cria uma demanda e uma ilusão do amor, mas encontra apenas um insistente vazio.

É preciso entender que respeito é diferente de amor. Respeito, sim, tem características morais. O amor é livre, conquistado, construído. As pessoas precisam entender que não são obrigadas e nem sempre vão conseguir amar seus pais. Não é feio ou pecado afirmar isso. Se entendessem essa dimensão, estariam libertos de muitos traumas. É preciso entender que não há amor sem reciprocidade e que muitos pais não desejaram (seus) filhos, apenas seguiram uma onda geracional, quando ter filhos era o natural e não poderia ser pensado diferente. No entanto, ainda assim muitos elaboram esse desejo. Outros não conseguem e não elaboram esse desejo de ser pai ou mãe. O que resta, nesse caso, é ser sincero, se entender melhor e cobrar menos afeto como consequência. O problema é que muitos também colocam toda a salvação de sua vida na relação parental, se anulando, incondicionalmente. Essa perspectiva pesa, gera frustração, cobrança e sofrimento. Os pais não têm o direito de projetar o sentido de suas vidas (por vezes frustradas) nos filhos. Cada um necessita buscar entender seus próprios traumas e elaborá-los e, dessa maneira, alcançar sua liberdade.

Relações abusivas

Muitas vezes, na clínica psicanalítica, me deparo com pessoas que não conseguem mudar suas ações, pois insistem em viver prazerosamente seus sintomas, repetindo ciclos aparentemente sem fim.

É muito comum também perceber como algumas pessoas são dependentes do outro em um relacionamento, como se essa fosse a exclusiva realidade de sua vida. Essa característica abre espaço para relações tóxicas ou relacionamentos abusivos.

Uma relação humana não é de fato simples, mas é possível vivê-la de forma apaziguada. Por que, se estamos em uma esfera de intimidade, abusamos do outro? Ou abusamos de nós mesmos ao permitir que abusem de nós?

Esse fato nos remete à infância. Não é possível deixar para trás o que fomos, nossa história. Viemos ao mundo em uma condição de desamparo. Não sabemos e não fazemos nada sozinhos na primeira infância, por exemplo. No entanto, existe um outro que nos define, nos ajuda, é referência e no qual nos projetamos.

Freud afirma a existência de um masoquismo primário. O outro é aquele que pode, sabe, cuida e me manipula. Estamos na mão do outro, consciente ou inconscientemente. Na condição infantil, o outro sabe. Aquele que amo é o que suponho saber. Existe uma parte em nós mesmos na qual existem vazios e sobre os quais o outro sabe, nomeando esse lugar, em críticas fortes, ou mesmo instaurando um lugar sugestivamente patológico. Esse cenário é ainda mais frequente quando conjuga dois aspectos: uma pessoa com traumas que não lida bem, que é fragilizada pelos outros, e uma outra pessoa que é manipuladora (que na psicanálise poderíamos chamar de "narcisista"), uma pessoa egoísta que considera apenas a realidade que está ao seu redor.

Em alguns casos, há uma dependência no sentido de colocar o outro no lugar de salvação, de fuga de vazios, traumas. Aqui temos uma situação neurótica, pois é inconclusiva e irrealizável. Os traumas individuais não são superados por ninguém a não ser pelo próprio sujeito que os vivencia. O lugar do analista é um não lugar, de não preenchimento de sintomas ou sugestão de outros. O trabalho da psicanálise, em última instância, se identifica com um processo de desconstrução. A sua estratégia é partir do desejo do sujeito e não criar novos, neuroticamente. Ao contrário do que muitos pensam, o analista não é o responsável por um processo de separação, mas apenas pode contribuir para a libertação psíquica do analisando.

Uma característica de relacionamento abusivo é a falta de diálogo efetivo e, sobretudo, de escuta do outro. Há mesmo uma dimensão monológica, na qual o sujeito está falando com ele mesmo, colocando o outro no seu imaginário e na sua perversão. Em algumas situações, as pessoas vivem com o outro porque não suportam ou têm medo de viver sozinhas, se sujeitando a diversas situações de abuso. O medo do abandono se mostra como um estágio anterior a esse processo.

É possível sair de relacionamentos abusivos, mas muitas vezes as pessoas só percebem isso mais tarde após terem vivenciado, por anos, um sofrimento psíquico enorme e uma tremenda ilusão. O que resta é a frustração. Então, é preciso transformá-la em liberdade do desejo e sua consequente ressignificação.

Traumas, sintomas e ilusões

Os seres humanos apresentam diversas crenças que não passam de ilusões. Uma delas é a de que conseguem superar seus traumas de forma rápida e simples, acreditando que não restam problemas a serem elaborados. Isso acontece porque expressamos sintomas e vivemos ancorados neles como uma forma de (falsa) superação das faltas do passado. Doce (ou amarga) ilusão! É comum algumas pessoas apostarem todas as suas fichas em alguns elementos como superação de vazios que foram componentes de sua personalidade e que ressoam no presente, mas que não são perceptíveis devido às fugas e fixações em alguns fatores. A partir da experiência da escuta clínica, destaco três deles: 1) o trabalho; 2) a família; 3) o dinheiro.

Muitas pessoas escondem frustrações em diversos relacionamentos e traumas que vivenciaram no passado na aposta excessiva e obsessiva em algum tipo de trabalho. Comumente essa escolha envolve uma aposta cega na função daquela atividade, na empresa ou mesmo como uma atividade cotidiana praticada de forma automática, preenchendo um sentimento de obrigação. O trabalho deve ser bem realizado, com racionalidade, busca pelo constante conhecimento da área e inovação. No entanto, apostar todo (ou quase todo) o sentido de nossa existência nele revela alguns sintomas que poderiam ser elaborados/tratados para evitarmos algumas frustrações futuras. Afinal, o trabalho não será eterno, a empresa pode não nos querer mais, e talvez até tenhamos que mudar de função.

A família também esconde, para muitos, severos sintomas. É claro que o ambiente familiar nos afeta (positiva e negativamente) e que sempre será importante para nossa existência. Por outro lado, não devemos vivenciá-lo com um "peso de exclusividade", como se não existissem pessoas fora do nosso núcleo familiar, e nem como se as pessoas da família não pudessem descobrir novos horizontes. A família deve ser um lugar de liberdade, afetos e leveza, não um espaço de aprisionamento de sentimentos e caminhos. Muitas pessoas não aceitam, por exemplo, que os filhos sigam trajetórias diferentes daquelas que imaginaram (e desejaram) para eles. Ora, os filhos, os irmãos e os pais são seres humanos livres, com seus próprios desejos e possibilidades de elaboração e libertação de traumas originados pela própria família.

O terceiro aspecto é o dinheiro. É evidente que uma vida confortável é o objetivo de todos. Por outro lado, muitos se encontram no gozo e no poder advindo de riquezas e se esquecem de viver de forma equilibrada. Há uma falsa impressão de que o desejo final é enriquecer, o que gera uma consequente e constante cobrança por mais e mais (além de um medo paranoico de perder o que se tem). Essa característica, em geral, esconde traumas infantis que fazem com que aquele indivíduo passe a acumular de forma insana, esquecendo de superar medos, ausências e vazios que se situam em algum lugar do passado. O risco desse caminho é justamente chegar ao final da vida e perceber que os traumas continuam no lugar em que sempre estiveram, mas agora os sintomas não são vivenciados de forma tão forte e, portanto, o vazio impera. Talvez um processo de reconciliação para muitos valeria mais do que vastas fortunas.

Por isso, caro leitor, temos a vida toda para tratar e elaborar nossas ausências, nossos vazios e nossos traumas, mas quanto antes o fizermos, mais cedo encontraremos a nossa liberdade.

Sobre mudanças e o tempo

A vida apresenta diversos caminhos ao longo dos anos. Uma das mais nobres atitudes humanas é saber que esses caminhos podem se transfigurar em oportunidades, possibilidades quase infinitas. No entanto, muitos não atestam esse fato e continuam ressoando sintomas e sintomas, tentativas visando focos equivocados...

Pessoas mudam de profissão, de fases da vida, crianças deixam a infância para entrar na temível e amada adolescência. Adolescentes não querem ser adultos, mas o desejam. Contradições fazem parte da bela realidade humana.

Pessoas mudam de pátria, de estado, de cidade. Muitas vezes essas mudanças se tornam difíceis por uma abertura insuficiente ao novo; em alguns casos há mesmo uma tentativa de imposição do velho ao novo, uma inadequação constante e insistente, neurótica. Abrir-se ao novo é permitir um horizonte de existência mais rico e atraente.

O ser humano é falível, por isso não precisa acertar sempre. O que ele mais precisa é de mudança, abertura e experiências. Por vezes nos apegamos a uma ideia neurótica de perfeição, vitória e sucesso. Todos esses elementos são relativos e, muitas vezes, criados fora de nós, sendo desejos alheios que acreditamos ser nossos. Não nascemos para vencer, como diz o equivocado *slogan*, nascemos para estar no mundo, para desejar estar. Eis nossa condição! Nada mais... Tudo o mais será demais.

Não conquistaremos pátrias para provar que vencemos.

A abertura à mudança é uma condição nossa. "Tudo flui", dizia Heráclito. Para o sábio grego, apenas o que se mostra constante na realidade é a própria mudança. De fato, mudar não é fácil, afinal, deixamos para trás amores, faltas, riquezas, verdades e mentiras... Mudar significa esquecer de nós mesmos em um primeiro instante, mas lembrar que sempre teremos a oportunidade de nos reencontrarmos, talvez em outra versão, quiçá melhor do que aquela de outrora.

Somos feitos de carne e osso, de histórias, narrativas, linguagem, memória, percepção. O nosso principal ingrediente é o tempo... Somos seres temporais, o tempo é nosso horizonte, ele nos faz e nos destrói, mas nos refaz. O tempo permite uma constante mudança, mas poucas vezes percebemos essa possibilidade humana.

O ser humano tem um potencial enorme para lidar com as adversidades apresentadas em sua existência. Os mais fortes não são aqueles que racionalizam ou ignoram os problemas e traumas, mas aqueles que conseguem elaborá-los. Elaborar um trauma não quer dizer isolar o sofrimento, mas buscar compreender suas origens, os vazios dele gerados, desviando das repetições insistentes.

O novo gera angústia, assim como todo cenário de caos que desafia nossa razão e nossa previsão. No entanto, nosso horizonte é aquele da novidade, em que o tempo não se repete e está em fluxo contínuo, esperando nossa abertura.

O desejo é real, a felicidade é ilusória

O desejo é o que nos move, nos conecta com o espaço que nos circunda. Ele está inscrito em nós a partir das nossas faltas, do resultado da ruptura da simbiose (relação entre a figura materna e o bebê), que ocorre por volta dos dezoito meses de vida.

O desejo pressupõe a falta. Ao contrário do que muitos pensam, nossa subjetividade não está localizada nos nossos pensamentos, na nossa racionalidade mais assertiva. As nossas características mais importantes estão relacionadas à falta, ao vazio e, assim, ao desejo. Habitamos em nossas faltas.

Como tenho dito, o ser humano é um ser mais complexo do que a maioria acredita. A complexidade está no fato de não sermos definidos pelo que conseguimos enxergar claramente. O desejo visa algo, mas quando alcança esse algo, apesar de gerar uma ilusão provisória, ela em breve deixa de fazer sentido. Achamos que a falta deve ser superada, e que podemos alcançar um estado de completude ou pureza, o que seria a origem dos sofrimentos.

Outro grande problema é o padrão, os lugares predeterminados ao nosso desejo. Por outro lado, em um mundo no qual há uma circulação de ideias e afetos cada vez maior, os padrões existirão, mas serão mais retorcidos, mexidos e deslocados. Por isso, mais do que nunca, será necessário saber o que desejamos, por onde tramitam nossas faltas. Não se trata de autoconhecimento, como se conhecer uma suposta essência pudesse nos livrar de todos os problemas da vida. Nada mais neurótico do que uma afirmação como essa...

Tramitamos nas faltas, mas não conseguiremos preenchê-las. Precisamos compreender que esse é o nosso caminho vital e é um trajeto tênue, pois podemos tender a um lado ou outro, fugindo de nossa corriqueira fluidez.

Quem sufoca os desejos pode gerar depressão, por exemplo. O desequilíbrio do desejo gera a ansiedade. Durante muito tempo, o desejo foi colocado como uma instância contrária à felicidade. Ser feliz não seria possível e conciliável ao desejo. No entanto, essa é uma falsa questão, afinal, o que existe no nosso horizonte de existência é o desejo. A felicidade é um conceito cunhado, sobretudo, por diversas correntes filosóficas, pela teologia, acompanhado até mesmo por algumas ciências. O fundamento da felicidade variou ao longo da história. Tendo como parâmetro um modelo ideal de sociedade, ideologias e intenções rodeavam tal conceito. A contradição aqui é: felicidade sempre foi um conceito cunhado por alguns (mesmo que por poucos ou por apenas um), defendido como se servisse ao coletivo, entendido como a soma dos indivíduos. De fato, foram pensamentos que determinaram em grande parte a ética, o direito e a política, mas não trouxeram a tão esperada felicidade...

Por isso, a felicidade não pode ser banalizada e nem mesmo coletivizada. A felicidade em si não existe, pois ela não é um conceito, de forma que não pode ser sintetizada, pensada. O que existe, o que está na ordem do real é apenas o desejo, a falta. Quando não damos conta dela, nos apegamos a ídolos, mitos e horizontes ilusórios, fugindo de nós mesmos.

Em busca do bem comum

Lições da quarentena e o futuro

Os anos de 2020 e 2021 serão sempre lembrados pela pandemia de covid-19. Vivemos momentos intensos de sentimentos e afetos variados: medo, esperança, incerteza, pânico, serenidade, compaixão, etc. Muitos processos iniciados há anos foram acelerados esse ano. Uma parcela significativa da população fez sua primeira compra *on-line*, apesar de o comércio eletrônico ser uma realidade há mais de duas décadas. Agora, igualmente, muitos fizeram seu primeiro treinamento, aula ou curso a distância. No campo terapêutico, percebo hoje que terapia ou análise *on-line* passou a ser uma realidade que cada vez mais mostra sua eficácia. O mundo não presenciará uma virada radical com o universo *on-line* substituindo o presencial. No entanto, o virtual se apresenta como uma expansão de possibilidades, compartilhando espaço com as realidades presenciais. Um mundo híbrido está se configurando.

É interessante notar também que passamos por inúmeras transformações e que tantas outras mais estão em curso. Talvez a palavra mais significativa desses tempos e dos próximos seja "ruptura". O mundo apresenta transformações lentas que em algum momento se tornam realidades comuns. A internet das coisas está aí, e pouco a pouco vamos incorporando-a ao nosso cotidiano. Muitos analistas de tecnologia acreditam que o ano de 2025 será de mudanças impactantes à humanidade, pois a Inteligência Artificial deixará seu lugar de pesquisa, estudos e experimentos e se apresentará na prática. Um reflexo desse fato será a realidade dos carros autônomos. As pessoas terão que aprender a lidar ainda mais com a sua subjetividade. Profissões repetitivas tendem a desaparecer, mas outras que dependem do emocional e do criativo crescerão (ou mesmo surgirão).

Cada vez mais teremos estruturas computacionais e de algarismos que terão a função de nos conhecer. As estruturas cerebrais e neurológicas não serão mais de âmbito privado, pois estarão conectadas em redes. Assim, o que sentimos, pensamos e criamos poderá ser controlado. Por isso, uma estrutura política e social democrática será mais do que nunca necessária. Imagine, caro leitor, se todo esse avanço tecnológico cai em mãos de líderes políticos sanguinários e paranoicos! Ainda bem que na última eleição norte-americana já nos livramos de um desses paranoicos...

O fato é que o século XX, no período do pós-guerra, iniciou a configuração de sociedades de consumo nas quais diversos mecanismos foram criados com a finalidade de controle social. O problema é que estamos prestes a vivenciar um salto significativo nesse controle com o avanço das neurociências e da inteligência artificial. Tudo isso pode ser utilizado para o bem ou para o mal, entendidos como liberdade e determinismo.

A esperança humana é a dimensão inconsciente, nela temos o espaço essencial à nossa subjetividade, aos nossos "não ditos", ao nosso desejo, às nossas faltas. Nela podemos ser livres, vulneráveis e indefinidos.

Podemos ser definidos?

Muitas vezes, algumas pessoas esperam sair do processo de análise com alguma definição: será que sou neurótico? Bipolar? Que tipo de psicopatologia me define?

Será que rótulos e conceitos nos definem? Diria o filósofo francês Michel Foucault (1995): "os conceitos são totalitários". De fato, conceituar é limitar e padronizar sujeitos. Quando abordamos as dimensões inconscientes, os conceitos são extremamente insuficientes e não revelam muito. De fato, é necessário saber sobre nós mesmos para nos situarmos no mundo. No entanto, isso não quer dizer buscar incessantemente e encontrar rapidamente definições. O sujeito está no mundo, está sendo, em fluxo. Não somos definições porque estas pretendem parar o fluxo de nossa temporalidade. No âmbito físico, é claro, podemos ver com mais facilidade as definições de processos. No campo psíquico, os processos se complexificam. O ser humano se apresenta enquanto fenômeno, portanto, enquanto ação. Um corpo, por exemplo, que não está no mundo é apenas um cadáver. Estamos e somos enquanto agimos, e nossa ação é única. Por isso, as definições mais atrapalham do que ajudam, pois artificializam as ações. Existem pessoas que buscam as definições pessoais e conduzem sua vida e suas ações a partir dessas definições, como se tivessem encontrado uma espécie de "natureza" essencial. Ora, não passa de ilusão.

Por isso, mesmo no campo da sociedade as definições são limitadas. Identificar sujeitos com grupos e limitá-los a eles pode ser um posicionamento violento, totalizante. As propostas totalitárias do século XX, como o nazismo, fizeram justamente isso. Dessa forma, é possível pensar que as definições sociais também são insuficientes e precisamos dar conta disso. É evidente que temos influências e identidades sociais que foram fruto de uma construção, mas nenhuma identidade pode ser entendida como definitiva e definidora.

O caminho de pensar o humano para além das definições é urgente para evitarmos novos totalitarismos e posicionamentos violentos em relação aos outros. Por que não deixamos o outro ser como ele é? Muitas vezes, a resposta a essa pergunta é que o outro me afeta, me tira do meu lugar comum ou da minha zona de conforto. Sendo assim, é melhor conceituá-lo, colocá-lo dentro de uma definição, geralmente negativa.

Emmanuel Lévinas, um dos mais importantes filósofos contemporâneos, alertava para a necessidade da construção de uma proposta de um novo humanismo, o "humanismo do outro Homem". O humanismo ocidental não se mostrou suficientemente humano. O humano se desconfigurou na medida em que foi incluindo um individualismo. Não é possível pensar o humano fora da relação com o outro, não do outro imaginado, mas concreto, com um rosto, que se interpõe ao sujeito. O sentido fundamental do humano está na ética, não no conhecimento do outro. Toda vez que tentamos conceituar e categorizar o outro, o violentamos. O outro está além de qualquer conhecimento totalitário, ele ressoa no infinito, para além da palavra, do pensar, da razão, e "me coloca para fora de mim". Aqui estamos na dimensão da hospitalidade, do acolhimento. O humano está na tenda, pois não arma uma estrutura fixa no mundo, mas vive em peregrinação. O outro e nós somos peregrinos. Só quando atestarmos essa dimensão encontraremos a paz.

A armadilha do individualismo

Gostaria de direcionar a reflexão a outra dimensão desse problema. Ainda em plena pandemia, muitos dizem que o mundo não será o mesmo, que um "novo normal" está sendo constituído, que processos de transformação que antes aconteciam lentamente serão acelerados em cinco anos ou mais. De fato, em muitas áreas teremos impactos importantes: muitas empresas continuarão com o sistema de trabalho remoto, bem como as escolas não poderão mais ignorar as tecnologias no processo de aprendizado. No entanto, quando falamos em transformações subjetivas, o que temos é um mundo pré-pandemia e um mundo pós-pandemia, que são consequências de um modo de vida iniciado na última profunda mudança histórica, o pós-guerra, em que ocorre a ascensão e a sustentação de um modo de vida que busca incessantemente transformar indivíduos em consumidores insanos (o que mudou agora é que estamos consumindo mais *on-line*). No fundo, penso que o "posto, logo existo" de hoje é um processo de continuidade ao "consumo, logo existo" de décadas atrás, ainda presente. Assim como em alguns países que vivem ditaduras religiosas ou políticas, em contextos democráticos, o império do consumo pode aprisionar sujeitos em uma lógica do desejo perversa e incessante. É preciso sempre imputar desejo, fazer com que as coisas sejam perenes e que os indivíduos estejam sedentos em consumir e mostrar mais e mais.

A sociedade americana, que teve suas feridas expostas nos últimos meses de forma mais clara, desconstruindo a ideia de um "sonho americano", foi o grande exemplo de aprisionamento de subjetividades a partir da construção de um modo de vida. E, sim, aqui estamos falando de feridas profundas à democracia, afinal, não podemos dizer que existe democracia madura em uma sociedade segregacionista, com grupos supremacistas, elevada desigualdade social e com um ex-presidente (ufa!) paranoico, negacionista e tantas outras características que representam uma parcela de seu povo, de ideias perversas construídas ao longo das últimas décadas. Não existe democracia verdadeira dentro de uma lógica de liberalismo neurótico.

O apelo ao consumo e ao desejo foi realizado por meio de estudos até mesmo da psicologia, que entendiam que o comportamento humano pode ser moldado de forma similar ao dos ratos. Também a semiótica utilizou suas ferramentas para entender como cores, formas e signos linguísticos afetam (e captam) as mentes. Ou seja, o campo de estudos da subjetividade foi direcionado a um projeto de sociedade que tem como seu grande sagrado o consumo, fazendo com que tudo, absolutamente tudo, passasse a ser entendido dessa forma (o luto, a educação, a religião, etc.). O mais grave desse processo é que ele não se limitou somente a um país ou a uma cultura, mas a uma parte do mundo. Hoje, no ano de 2022, temos uma sociedade cada vez mais individualista, consumista e que não quer dividir nada (e, infelizmente, caro leitor, a pandemia não resolveu esse problema). Cada vez menos, a partir da experiência clínica, encontro pessoas dispostas a dividir a vida com outros, o que exige a prática de ações não individualistas e pragmáticas, como perdoar e escutar. As pessoas estão preferindo o caminho do relacionamento sem grandes implicações, um relacionamento casual e prazeroso. O grande paradoxo desse processo é: o humano não é casual e vive somente de prazeres; ao contrário, ao seu redor tramitam complexidades que passam em um sentido oposto, não ditos e vazios. Assim, quanto mais buscamos direcionar nossas vidas ao efêmero, mais caímos nas armadilhas do individualismo...

O esporte, o exemplo e o machismo

O episódio da contratação do jogador Robinho pelo Santos levou mais uma vez a uma discussão sobre o tema da violência contra a mulher, do machismo e da responsabilidade que os profissionais do esporte precisam ter em nossa sociedade. Em pleno século XXI, não é mais tolerável episódios que são motivados por preconceitos, racismo, homofobia, violência sexual, etc. Não se trata de questão de opinião ou liberdade de expressão. O nosso horizonte constitucional é, de fato, aquele de uma sociedade plural, democrática, livre e igualitária. Portanto, alguns valores se apresentam como basilares e imprescindíveis.

O esporte, ao longo dos séculos, foi mudando seu papel na sociedade. Se voltarmos à Grécia Antiga, o surgimento dos jogos olímpicos estava relacionado ao ideal de formação da "mente sã e corpo são", parte essencial da constituição do cidadão. Competição, educação e valores andavam juntos. Ao longo dos tempos, sobretudo com o advento da sociedade de consumo do pós-guerra, o esporte passou a ser visto como um bom negócio. As grandes competições surgiram dentro de um contexto de *showbiz*, no qual, em muitos momentos, o lucro prevalece em relação à ética e aos valores. Hoje em dia, o esporte é visto também como uma forma de canalizar ansiedade, se transformando em uma nova compulsão. Claro que se trata, na maioria das vezes, de um bom movimento, pois é saudável ao corpo e à mente. No entanto, talvez estejamos esquecendo de uma outra dimensão: a da ética. Não deveríamos mais tolerar nenhum tipo de ofensa aos direitos humanos (de qualquer natureza) por parte de algum ídolo (não é bom ter ídolos também). Ao contrário, os esportistas deveriam aproveitar sua influência para transmitirem bons ensinamentos e se colocarem como inspiração e exemplo. Infelizmente, sobretudo no contexto brasileiro, não é algo que temos visto com frequência. Exemplo disso foi a postura do time do Santos Futebol Clube de contratar o jogador Robinho, mesmo este tendo sido condenado em primeira instância pela justiça italiana por violência sexual. O clube apenas suspendeu o contrato devido à pressão dos patrocinadores. Não cabe mais em pleno século XXI um esportista ou clube não se portarem como cidadãos. Não importa apenas sua capacidade técnica! É lamentável também vermos "ídolos" do esporte se calando em relação ao racismo, à homofobia, à violência contra a mulher e à degradação ambiental. Um "ídolo" não deveria, por exemplo, aceitar patrocínio de uma empresa que não se preocupa com o meio ambiente. Esporte, empresas, sociedade, escolas e poder público devem caminhar juntos, se atualizando constantemente em termos éticos. Dentro de um cenário tão pouco crítico, é muito louvável ver a postura recente de alguns jogadores da NBA e do automobilista inglês Lewis Hamilton no combate ao racismo. Casos raros...

Em nossa sociedade, precisamos romper com a cultura e o simbolismo enraizado do machismo. Devemos buscar incessantemente o abandono à ideia maniqueísta de bem e mal, forte e fraco, razão e emoção. Tudo não passa de uma construção social violenta. Não existem papeis predefinidos para homens e mulheres, nem vontades e desejos predefinidos. Essa transformação é crucial e deve ser feita nas famílias por mães, pais e escolas, pois todos possuem o papel de contribuir para um mundo mais plural, igualitário e livre. Há uma luz no fim do túnel. Mesmo que tenhamos gerações para as quais alguns valores se tornem distantes, que foram criadas em uma cultura extremamente machista, hoje existe transformação. Há pouco tempo, uma criança analisanda me disse: "Não vejo sentido em chamar meu amigo de tal maneira apenas porque ele torce para um time de futebol diferente do meu. Meu pai me incentiva, mas ele está errado".

Um tema urgente: a homofobia

Estamos vivendo um momento singular no mundo todo, tempo que pode ser caracterizado por angústias, incertezas, medos, mas também por reflexões. Se, de fato, com sinceridade, queremos mudar nossa realidade, precisamos alterar a forma como a sociedade aborda seus temas. Assim, abordemos mais um assunto fundamental: a homofobia. Gostaria de propor algumas reflexões a partir da escuta da clínica psicanalítica. Previamente, já afirmo que a questão da sexualidade também gera preconceito, sofrimento e dor psíquica para muitos, sobretudo devido à exclusão e ao ódio. O corpo humano fornece um horizonte de mundo, reflexão e desejo. É o lugar do prazer e da dor, além de possibilitar ambiguidades e, por isso mesmo, nos tornar humanos. A sexualidade não é apenas da ordem do natural, do biológico. A partir do pensamento de Freud e do desenvolvimento da psicanálise, ela passa a ser vista como elemento central dentro do processo de formação da personalidade. Dessa maneira, podemos afirmar que se trata também de um aspecto fundante, e que permite, em grande parte, a compreensão de nós mesmos. Por isso mesmo foi um elemento de enorme tentativa de controle por algumas instituições, afinal, não conhecer a si mesmo interessa a muitos, menos a nós mesmos.

Assim sendo, a sexualidade não poderia ser entendida exclusivamente como uma característica evolutiva que leva à reprodução, mas como elemento de desejo e prazer, fora de elementos de culpa. De fato, nas raízes da nossa cultura ocidental há um excesso de valor às ideias, ao abstrato, menosprezando o corpo, com este sendo visto, em alguns momentos, como sede do pecado, do mal... Quando a culpa está presente, surgem neuroses, traumas e sérias consequências. Além disso, ela pode gerar pensamentos e comportamentos perversos, um gozo excessivo por meio do poder (institucional). A sexualidade é fluida e não se enquadra em aspectos institucionais. Toda vez que essa tentativa é realizada, presenciamos uma violência (simbólica).

A ideia da homossexualidade como doença mental foi revista pela Organização Mundial de Saúde (OMS) apenas em 17 de maio de 1990. Isso prova justamente a tentativa de controle e a inclusão de um discurso violento e pouco crítico mesmo na ciência, podendo estar também a serviço de uma racionalidade libertadora. Não existe relação entre a homossexualidade e doenças psíquicas. Ao contrário, o que ocorre é o sofrimento psíquico proveniente da culpa gerada pela violência simbólica. Pessoas que não são aceitas em suas famílias e que sempre escutaram que eram aberrações, que transmitiriam o mal para a sociedade, sofrem! Que tamanha violência! Não se aceitar em seu caminho de sexualidade é algo grave, que significa ter como horizonte a infelicidade...

É um fato que nossa sociedade ainda apresenta falhas democráticas e, por isso mesmo, temos gerações de pessoas que não aprenderam a tolerar, a respeitar ao próximo e, sobretudo, a viver em uma sociedade plural. No entanto, o conservadorismo não pode ser uma justificativa para a violência e exclusão, é preciso que vivenciemos a evolução! Mudar, abrir horizontes, expandir a mente é o caminho de uma sociedade que quer, com sinceridade, se efetivar como democrática. É claro que existe perversão no discurso de ódio, bem como diversos outros aspectos psicopatológicos. Em nosso meio, a religião possui papel fundamental na formação das consciências e, por isso mesmo, tem uma responsabilidade enorme nesse processo de consolidação democrática e na construção de uma sociedade não violenta, plural e próxima à justiça! O cristianismo, por exemplo, possui um horizonte de acolhimento e compreensão do outro, não de exclusão. Assim, sendo levado a sério e de forma sincera, não gera ódio, discursos violentos, racismo, homofobia e cinismos. Não podemos continuar achando que o diferente é o mal que deve ser negado. Sob o discurso de uma natureza humana, os seres humanos construíram monstros, tais como o nazismo, possibilitando o extermínio de diferentes grupos de outros humanos. O preconceito e a ignorância também matam, geram depressão e sofrimento psíquico! Que, em um mundo que queremos que seja melhor, não sejamos instrumentos desses males. Homofobia é não compreender o outro, contribuir e se calar diante da existência de perversas violências simbólicas.

Será o desejo humano sempre o mesmo?

Algumas transformações de nossa época são sutis e perceptíveis com o passar do tempo. Gostaria de ressaltar um aspecto de mudança social extremamente importante.

Na clínica psicanalítica, tais transformações podem ser mais escutadas e percebidas, afinal, não é um processo simples revelar desejos para o ambiente social e receber possíveis críticas como consequência.

O mundo atual permite uma maior possibilidade de escolhas e o seguimento de caminhos cada vez mais diversos. Por mais que os padrões existam, é possível fazer escolhas mais variadas, pois as possibilidades são cada vez mais reais. Vivemos em um mundo mais horizontal e aberto.

Assim, a vida das pessoas não será mais determinada apenas por uma trajetória considerada como certa ou desejável. Em geral, em muitos momentos históricos (e mesmo hoje) existiram fatores sociais que tentaram levar os sujeitos a vivenciar padrões de comportamento e de vida. A pluralidade é vista sempre como uma ameaça, como em alguns contextos sociais não democráticos, por exemplo. No entanto, tenho uma aposta de que o futuro poderá revelar uma sociedade mais autêntica, pois estamos incessantemente em contato com novas formas de vida (como por meio das redes sociais, por exemplo).

A vida não se resume a um determinismo biológico e nem social. Cada vez mais percebo que há pessoas que não têm como desejo (e isso inclui elementos da personalidade, inconscientes) constituir novos vínculos familiares, serem pais ou mães... No entanto, devido a uma transição de gerações, pensamentos e visões de mundo (mesmo horizontes de mundo), ainda existe muita culpa. Muitas mulheres, por exemplo, não possuem o desejo de ser mãe, mas por uma imposição psíquica (leia-se "culpa") da família originária, da relação edípica passada, não conseguem elaborar bem o desejo contrário. Ou seja, acabam entrando em um fluxo de vida no qual o seu desejo não está refletido na sua condição. Ora, a maternidade ou a paternidade, definitivamente, não são obrigatórias e nem naturais. Trata-se de uma elaboração de desejo. A mulher não precisa ser mãe, se assim não desejar, assim como não precisa exercer nenhum papel definido, determinado...

Em uma transição de gerações há uma força que prende os indivíduos ao modelo antigo. Por isso, as mudanças são mais difíceis e, muitas vezes, lentas. No entanto, estamos vivendo uma revolução tecnológica que nos torna ligados, conectados de forma extrema, em afetos, pensamentos e desejos. Assim, desejos contrários aos padrões também são impactantes. Por isso há muito conflito. Qual o caminho a seguir nesse cenário? O caminho da autenticidade e do entendimento da própria mudança social e, em última instância, a compreensão dos próprios desejos. Em um mundo aberto, talvez possamos cada vez mais viver o horizonte da autenticidade.

Referências

ARENDT, Hannah. *A condição humana*. Rio de Janeiro: Forense, 1995.

BOFF, Leonardo. *Reflexões de um velho teólogo e pensador*. Petrópolis: Vozes, 2018.

CRUZ, São João da. *Obras completas de São João da Cruz*. Petrópolis: Vozes, 1988.

______. *Dilemas humanos contemporâneos*. Rio de Janeiro: Helvetia Éditions, 2020.

"Estudo alerta para altos níveis de depressão e pensamentos suicidas em trabalhadores de saúde na América Latina durante a pandemia". *Organização Pan-Americana da Saúde*, 13 jan. 2022. Disponível em: https://www.paho.org/pt/noticias/13-1-2022-estudo-alerta-para-altos-niveis-depressao-e-pensamentos-suicidas-em. Acesso em: 02 fev. 2022.

FERREIRA, Dom Vicente; DENTZ René. *Horizontes de perdão*. São Paulo: Ideias e Letras, 2020.

FORBES, Jorge. *A psicanálise além do Édipo*. São Paulo: Pax Lacaniana, 2013.

FOUCAULT, Michel. *As palavras e as coisas*. São Paulo: Martins Fontes, 1995.

FRANCISCO, Papa. *Laudato Sì: Sobre a casa comum*. Carta Encíclica, 2015.

FREUD, Sigmund. *Além do princípio de prazer, psicologia de grupo e outros trabalhos (1920-1922)*. Rio de Janeiro: Imago, 1976 (Edição standard brasileira das obras psicológicas completas de Sigmund Freud, 18).

______. "Sobre o narcisismo: Uma introdução". *A interpretação dos sonhos, vol.* 1. Rio de Janeiro: Imago, 2006 (Edição standard brasileira das obras psicológicas completas de Sigmund Freud, 4).

HAN, Byung-Chul. *Sociedade do cansaço*. Petrópolis: Vozes, 2015.

LACAN, Jacques. *Seminário XX: Mais, ainda*. Rio de Janeiro: Zahar, 1985.

RICOEUR, Paul. *A memória, a história e o esquecimento*. Campinas: Unicamp, 2007.

SARTRE, Jean-Paul. *A náusea*. São Paulo: Nova Fronteira, 1958.

SOUZA, Jessé. *A elite do atraso: Da escravidão à lava-jato*. Rio de Janeiro: Leya, 2017.

Esta obra foi composta em sistema CTcP
Capa: Supremo 250 g – Miolo: Book Ivory Slim 65 g
Impressão e acabamento
Gráfica e Editora Santuário